빅히스토리 (인류 역사의 기원)

인간 중심주의를 넘어 가장 폭넓은 시각과 관점에서
인류의 진화, 인간과 자연환경의 상호작용을 비라보는 역사

유럽
아시아
중동
아프리카
남아메리카
오세아니아

[빅히스토리] 주요 연표

BCE		
	· 6500만 년 전	다섯 번째 대멸종으로 공룡 멸종
	· 600만 년~550만 년 전	공통조상으로부터 인류 분화
	· 320만 년 전	루시(오스트랄로피테쿠스 아파렌시스) 출현
	· 190만 년 전	호모 에렉투스 출현 및 인접 지역으로 이동
	· 35만 년 전	호모 네안데르탈렌시스 출현
	· 25만 년~20만 년 전	호모 사피엔스 출현
	· 12만~1만 2000년 전	호모 사피엔스의 전 지구적 이동

CE		
	· 1868년	알타미라 동굴벽화 발견
	· 1940년	라스코 동굴벽화 발견
	· 2013년	호모 날레디 화석 발견

빅히스토리

Thinking Power Series - World History Collection 01
Big History
: Human Evolution in Global History

Written by Kim Seo-hyung.
Published by Sallim Publishing, 2018.

제4차 산업혁명 세대를 위한
생각하는 힘 세계사컬렉션 **01**

인류역사의 기원

빅히스토리

김서형 지음

살림

하나로서의 인류

미국의 수도 워싱턴 D.C.에는 내셔널 몰이라는 공원이 있다. 공원의 동쪽에는 의사당이 있고, 공원의 서쪽에는 링컨 기념관이 있다. 이 건물은 미국 제16대 대통령 링컨(Abraham Lincoln)을 기리기 위해 만들어졌다. 링컨이 대통령에 당선되었을 때 미국은 노예제도 때문에 매우 혼란스러웠다. 당시 북부에 살고 있던 흑인은 자유인이었던 반면, 남부의 흑인은 노예였기 때문이다. 결국 노예제도를 비롯해 서로 다른 경제 구조와 정치적인 이해관계를 가지고 있던 북부와 남부는 분열됐고 전쟁이 시작되었다. 이 전쟁이 바로 미국내전(Civil War)이다.

링컨은 노예제도 폐지에 찬성하는 사람이 아니었다. 또한 노예제도를 유지하는 것도 찬성하지 않았다. "분열하는 집안은 바로 설 수 없다"는 링컨의 주장은 노예제도에 대한 그의 생각을 잘 보여준다. 그는 노예제도를 유지해서 연방을 지킬 수 있다면 노예제도를 인정하겠다고 했다. 반대로 노예제도를 폐지해서 연방을 유지할 수 있으면 그렇게 하겠다고 했다. 이와 같이 노예제도 그 자체보다 연방 유지에 더 많은 관심을 가지고 있던 링컨은 결국 1863년 1월 1일, 연방에 대해 반란을 일으켰던 지역, 즉 남부의 노예들을 자유인으로 선언하는 노예 해방령을 발표했다.

하지만 반란을 일으켰던 남부의 11개 주(州)는 이미 '남부 연합(Confederate States of America)'이라는 새로운 국가를 수립한 상황이었다. 따라서 링컨의 노예 해방령은 남부에서 아무런 효력을 발휘하지 못했다. 결국 이 선언문을 통해 해방된 노예는 단 한 명도 없었다.

그러나 노예 해방령이 아무런 성과를 얻지 못했던 것은 아니다. 미국내전에서 북부가 승리하면서 미국 전역에서 노예제도는 폐지됐고, 수정조항 제15조에 따라 흑인의 투표권이 연방헌법으로 보장되었다. 링컨이 노예 해방령을 선언한 지 100년 뒤, 링컨 기념관에서 한 흑인이 다음과 같은 연설을 했다.

· **마틴 루터 킹 목사**
링컨 기념관에서 연설하고 있는 마틴 루터 킹 목사의 모습. 그는 피부색이 다른 백인과 흑인의 평등한 권리를 주장했다.

"나에게는 꿈이 있습니다. 과거 노예였던 사람들의 자녀와 노예 주인이었던 사람들의 자녀가 함께 앉아 식사할 수 있는 날이 오리라는 꿈을 가지고 있습니다. 나의 자녀들이 언젠가 피부색으로 판단되지 않고, 인품에 의해 판단되는 나라에 살게 될 것이라는 꿈이 있습니다."

이 연설을 했던 사람은 바로 킹(Martin Luther King, Jr.) 목사였다.

당시 노예제가 폐지된 지 100년이 지났지만 미국에서 흑인에 대한 차별은 크게 달라지지 않았다. 킹 목사는 백인과 흑인의 평등한 권리를 요구했고, 미국의 발전을 위해서는 서로 다른 인종들이 함께해야 한다고 주장했다. 이후 많은 사람이 백인과 흑인의 평등을 위해 노력해왔다.

그렇다면 킹 목사가 주장했던 피부색이 서로 다른 인종의 평등한 권리는 과연 미국만의 문제일까? 그렇지 않다. 18세기 초에 스웨덴 식물학자 린네(Carl von Linné)는 전 세계의 사람들을 살고 있는 지역에 따라 유럽인과 아메리카인, 아프리카인, 그리고 아시아인으로 구분했다. 그리고 점차 피부색에 따라 백인과 흑인, 황인으로 구분했다.

그런데 린네의 이와 같은 인종 구분에 따라 많은 유럽인은 백인을 우월한 종으로, 나머지 인종들을 열등한 종으로 생각했다. 이제 피부색이 사람의 우열을 구분하는 절대 기준이 된 것이다. 미국과 우리나라에서 서로 다른 피부색을 가진 사람을 무시하고 열등한 사람으로 생각하는 것은 바로 이런 기준에서 비롯된 것이다.

하지만 최근 모든 인류의 유전자가 99.9퍼센트 일치한다는 연구 결과가 발표되었다. 이와 같은 연구 결과에 따르면, 백인과 흑인, 황인 사이의 유전자 차이는 0.1퍼센트가 채 되지 않는다. 따라서 피부색과 관련된 유전자는 인종의 우열을 구분하는 데 거의 영향을 미치지 않는다.

지금까지 피부색에 따라 인종의 우열을 구분했던 것은 매우 잘못된 일이다. 오늘날 전 세계적으로 피부색뿐만 아니라 종교·언어·문화 등의 차이 때문에 많은 갈등이 발생하고 있다.

그렇다면 이와 같은 문제들을 해결하기 위한 방법은 무엇일까? 무엇보다도 지구에 살고 있는 모든 사람이 유전학적으로 동일하다는 사실을 생각해야 한다. 이와 같은 생각의 틀 속에서는 사람들 사이의 다름이 크게 문제가 되지 않기 때문이다. 전체 인류를 하나의 동일한 집단으로 생각한다면, 지금까지 민족이나 국가 사이에서 나타났던 심각한 문제들을 다른 방식으로 이해할 수 있다.

이를 위해 우리는 이제 지구에 인류가 탄생하게 된 과정과 여러 가지 종이 등장하고 사라진 과정을 살펴보고자 한다.

2018년 4월

김서형

• 차례 •

제1장   호미니드와 호미닌

제2장   호모 하빌리스와 호모 에렉투스

제3장 또 다른 우리, 호모 네안데르탈렌시스

제4장 호모 사피엔스, 인류 역사의 급격한 변화

제5장　생명의 나무와 인류의 진화

멕시코에는 인간의 창조와 관련된 신화가 존재한다. 신을 섬기도록 진흙과 나무로 인간을 만들었지만 실패했다. 결국 가장 중요한 작물인 옥수수로 인간을 만들었는데 바로 인류의 조상이라는 것이다.

오늘날 우리는 더 이상 이와 같은 신화를 그대로 믿지 않는다. 대신 수많은 연구 결과와 과학적 증거를 바탕으로 인류의 등장과 진화를 이해한다. 사실, 지구의 모든 생명체는 최초의 세포라는 공통조상으로부터 나타났다. 지구의 환경이 변화하면서 생명체들 사이에는 환경의 변화에 쉽게 적응할 수 있는 유전적 차이가 발생했고, 이와 같은 과정 속에서 다양한 생명체의 종들이 나타난 것이다. 이런 진화의 역사는 인간에게도 마찬가지이다.

과학적 증거에 따르면 오늘날 우리는 호모 사피엔스라는 단일한 종의 후손이다. 하지만 호모 사피엔스가 나타났던 시기에도, 그리고 그 이전에도 지구에는 인간과 비슷한 여러 가지 종이 살고 있었다. 그렇다면 호모 사피엔스를 제외한 나머지 종들은 왜 살아남지 못했을까? 이들과 호모 사피엔스의 공통점, 그리고 차이점은 무엇일까?

제1장

호미니드와 호미닌

01

라마피테쿠스: 최초의 인류?

인도 북부에 위치한 델리에는 라지 가트라는 공원이 있다. 인도 민족해방 운동의 지도자 간디(Mahatma Gandhi)를 기념하기 위해 세워진 공원이다. 간디는 비폭력과 불복종 운동을 통해 영국으로부터 인도의 독립을 주장했다. 이 공원의 중앙에 있는 검은색 대리석에는 그가 죽기 전에 마지막으로 남긴 말이 새겨져 있다. 바로 '오, 라마여!'이다. 인도는 힌두교가 발생했던 지역이다. 그리고 대부분의 인도인은 힌두교를 믿고 있다. 힌두교에는 세 명의 신이 존재하는데, 창조신인 브라만(Brahman), 유지신인 비슈누(Vishnu), 그리고 파괴신인 시바(Shiva)가 그것이다.

이 가운데 비슈누는 열 가지의 모습으로 변화해서 세상의 질서를 유지한다. 때로는 인간의 모습으로 태어나기도 하는데, 바로 라마(Rama)이다. 많은 사람들은 라마가 비슈누의 일곱 번째 모습이라고 생각한다. 비슈누가 환생한 모습이기 때문에 많은 사람들은 라마가 세상의 다른 인간들보다 훨씬 크고 위대한 존재라고 생각했다. 고대 인도의 산스크리트어로 쓰인 『라마야나(Ramayana)』는 세상에서 가장 긴 서사시이다. '라마 왕의 일대기'라는 뜻을 가진 이 시는 납치당한 아내를 찾아 나선 라마의 모험 이야기를 다룬다. 그야말로 라마의 위대함을 잘 보여주는 작품이라 할 수 있다.

고대 유물 연대 측정 어떻게 하나

1932년 인도 히말라야 근처 시왈리크 언덕에서 화석이 하나 발견되었다. 당시 미국 예일대의 대학원생이었던 루이스(G. Edward Lewis)는 이빨과 턱뼈를 발견했다. 그런데 발견된 턱뼈는 침팬지 같은 유인원과 그 구조가 상당히 달랐다. 일반적으로 유인원은 U자 모양의 턱뼈를 가지고 있는데, 이 화석의 턱뼈는 아치형의 모양이었다. 뿐만 아니라 유인원은 송곳니가 크고 뾰족한데, 발견된 이빨은 어금니가 매우 컸다. 그리고 잇몸의 표면을 덮고 보호하는 단단한 물질인 에나멜질이 발견되었다. 사람들은 유인원과 다른 이빨과 턱뼈를 가진 이 화석이 어쩌면 인류의 조상일지도 모른다고 생각했다.

고고학자들이 가장 많이 사용하는 연대 측정법은 방사성 탄소 연대 측정법(C-14 Dating)이다. 식물은 이산화탄소를 흡수하고 유기물을 만드는데, 이때 방사성 동위원소 탄소-14의 비율은 당시 공기 중의 비율과 같다. 유기물에 포함되어 있는 탄소-14의 비율을 측정하고 공기 중 비율이 이와 동일한 시기를 찾아 유물의 연대를 밝히는 방법인 셈이다. 하지만 방사성 동위원소 연대 측정법을 통해 측정 가능한 연대는 약 3만~4만 년 정도뿐이다. 이런 이유로 고고학자들은 칼륨-아르곤 연대 측정법(K-Ar Dating)이라는 또 다른 방법을 사용한다. 이 방법의 연대 측정 범위는 5,000~46억 년으로 매우 광범위하기 때문에 훨씬 이전에 존재했던 화석의 연대를 추정할 수 있다.

방사성 탄소 연대 측정법이 널리 사용되기 시작한 것은 바로 '토리노 수의' 때문이었다. 이탈리아 북서부에 위치한 토리노의 한 성당에서는 수백 년 동안 천이 보관되어왔다. 많은 사람들은 이 천을 십자가에 못박혀 처형된 예수의 시신을 감싼 수의라고 생각했다. 무엇보다도 천에 1미터 80센티미터 정도의 남자 모습

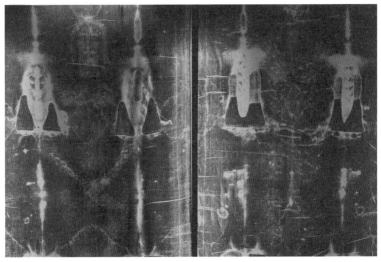

- **토리노 수의**

예수처럼 보이는 모습이 나타난 토리노 수의이다. 방사성 탄소 연대 측정법에 따른 연대 추정 결과, 예수의 수의가 아니라는 사실이 과학적으로 밝혀졌다.

이 나타나 있었기 때문이다. 사람들은 이 모습이 『성경』에 묘사된 예수의 모습과 일치한다고 생각했다. 따라서 과학적 근거는 없었지만, 대부분의 사람들은 토리노 수의가 예수의 진짜 수의라고 믿어왔다.

하지만 과학자들은 수의가 진짜 예수의 것인지 밝히기 위해 연대 측정을 해야 한다고 주장했다. 결국 방사선 탄소 연대 측정법이 시행되었고, 그 결과, 수의는 1260~1390년 사이에 제작된 것으로 밝혀졌다. 일명 '토리노 수의' 사건 이후 방사성 탄소 연

제1장 호미니드와 호미닌

대 측정법은 유물의 연대를 측정하는 데 상당히 적합한 방법으로 알려지기 시작했다.

연대 측정 결과 인도에서 발견된 이 화석은 약 1,500만 년 전의 것으로 밝혀졌다. 당시 가장 오래된 인류 화석이라고 여겨졌기에 라마의 이름을 붙여 이 화석을 '라마피테쿠스(Ramapithecus)'라고 불렀다. 고고학자들은 이 종이 직립보행을 하고, 간단한 도구를 만들어 사용했을 것이라고 생각했다. 이에 많은 사람이 라마피테쿠스가 최초의 인류라고 믿었다.

라마피테쿠스는 오랑우탄 계열의 유인원

하지만 얼마 지나지 않아 라마피테쿠스는 곧 논쟁에 휩싸였다. 1960년대 말 분자유전학이 발전함에 따라 사람과 유인원이 분화한 시기가 약 600만~550만 년 전이라는 연구 결과가 제시되었기 때문이다. 이와 같은 연구 결과에 따르면 라마피테쿠스는 최초의 인류가 될 수 없다. 결국 라마피테쿠스는 오랑우탄 계통의 유인원이라 판정되었고, 최초의 인류에 대한 관심은 더욱 급증했다.

1981~1986년 아프리카에서는 전쟁을 치렀다. 전쟁터는 아프리카 중동부에 위치한 우간다였다. 60여 년 동안 영국의 식

민 지배를 받았던 이 국가에서는 독재자의 정권을 유지하기 위해 30만 명 이상의 사람들이 희생되었다. 이와 같은 정치적 불안은 경제 상황에도 영향을 미쳤고, 현재 우간다는 유엔에서 규정한 세계에서 가장 가난한 50개의 국가 가운데 하나가 되었다. 우간다와 국경을 이루고 있는 나라 가운데 하나는 케냐이다. 19세기 후반 에티오피아를 통해 커피를 처음 수입한 이후 커피 재배가 증가함에 따라 아프리카의 대표적인 커피 생산국이 되었다. 특히 케냐 커피는 강한 신맛과 쏩쏠한 맛을 함께 가지고 있어 전 세계의 커피 애호가들이 즐겨 찾는다.

우간다와 케냐 국경 사이에는 빅토리아호수가 있다. 길이가 약 400킬로미터, 그리고 넓이가 7만 제곱킬로미터에 달하는 아프리카에서 가장 큰 호수이다. 아프리카를 가로지르는 대표적인 강은 나일강이다. 총 길이가 약 6,600킬로미터 이상인 나일강은 오래전부터 사하라 사막을 경계로 구분된 북아프리카와 남아프리카를 연결하는 통로였다. 나일강 유역에서 최초의 농경이 시작되었고, 이후 도시와 국가가 발전하면서 문명이 나타나게 되었다. 빅토리아호수가 바로 이와 같은 나일강의 근원이 된다.

1948년에 이 호수의 루싱가섬에서 거의 완벽한 상태의 두개골과 뼈가 발견되었다. 연대 측정 결과 약 2,000만 년 전에 지구에 출현했던 종이다. 인류학자들은 이 종이 지구의 여러 지역에서 발견되었기 때문에 유인원과 인류의 공통조상이라고 생각했다. 바로 숲속의 유인원이라는 뜻을 지닌 '드리오피테쿠스(*Dryopithecus*)'이다. 과학자들은 바로 이들로부터 유인원과 인류가 진화했고, 약 600만~550만 년 전에 서로 다른 종으로 분화했을 것이라고 생각했다. 침팬지보다 몸집은 작지만 두개골은 유인원과 비슷한 드리오피테쿠스가 유인원과 인류의 공통조상으로 인정받기 위해서는 좀 더 많은 과학적 증거와 연구 결과가 필요할 것이다.

하지만 인류학자들과 고고학자들 사이에서 유인원과 인류의 공통조상에 대한 관심은 여전히 사라지지 않고 있다.

02

새로운 연결고리, 아이다

1798년 5월, 프랑스는 이집트를 정복하기 위해 군대를 파견했다. 이 군대를 이끌었던 사람은 훗날 프랑스 황제로 즉위한 나폴레옹(Napoleon Bonaparte)이었다. 영국 함대에 패배하면서 이 원정은 성공하지 못했지만, 당시 나폴레옹은 이집트의 피라미드를 보고 다음과 같이 말했다.

"이 피라미드의 꼭대기에서 4,000년의 세월이 우리를 내려다보고 있다."

나폴레옹이 본 것은 카이로 근처 기자에 위치한 쿠푸 왕의 피라미드였다. 이집트 역사상 가장 규모가 큰 피라미드이다. 이집트인들에게 왕인 파라오는 신이 인간의 모습으로 변화한 것이었다. 따라서 파라오는 죽으면 신의 세상으로 가서 '영원한 생명'을 얻게 된다. 피라미드는 바로 신의 세상으로 가기 위해 준비된 계단이었다.

최초 생명의 탄생 비밀을 풀어내다

이집트인은 인간의 육체는 죽어도 혼은 죽지 않는다고 생각했다. 그래서 시체가 썩지 않도록 미라를 만들고, 관 속에 시체와 함께 『사자의 서(*The Book of the Dead*)』를 넣었다. 이 책에는 부활을 위한 주문과 기도뿐만 아니라 태양신 라(Ra)에 대한 찬양이 함께 기록되어 있다. 라는 신들의 왕으로서 이집트 신화에서 가장 중요한 신이다. 이집트 신화에 따르면 아무것도 없던 세상에 누(Nu)라는 바다가 있었다. 이 바다에서 언덕이 솟아올라 최초의 창조신인 아툼(Atum)이 스스로 탄생했다. 그는 아침에는 케프리(Khepri), 낮에는 라, 저녁에는 아툼이라는 이름으로 불렸다. 결국 라는 이 세상에 탄생한 최초의 존재인 셈이다.

생명의 탄생과 관련된 신화는 전 세계적으로 존재한다. 이와 같은 신화들의 공통점 가운데 한 가지는 바로 아무것도 없던 상황에서 무엇인가 나타난다는 것이다. 이와 더불어 물에서 생명이 탄생하는 경우도 많다. 마치 이집트 최고의 신인 라처럼 말이다. 생명의 탄생과 관련된 이야기는 신화뿐만이 아니다. 오랫동안 많은 사람들은 생명이 자연에서 저절로 발생한다고 믿었다. 하지만 실험과 과학적 증거에 따르면 최초의 생명은 약 35억 년 전에 나타났다. 1930년대 러시아 과학자 오파린(Alexandr Oparin)은 원시 지구의 바다에 존재했던 물질들끼리 화학반응을 통해 유기물이 만들어졌고, 여기에서 생명이 탄생했다고 주장했다.

1952년 시카고대에서는 재미있는 실험을 했다. 원시 지구의 대기와 비슷한 조건을 설정하고, 전기를 방전시킴으로써 플라스크에 아미노산을 비롯한 물질들이 만들어진 것을 확인했다. 이를 통해 오파린의 가설이 옳다는 것이 과학적으로 입증되었다. 최초의 생명이 탄생한 이후 수십억 년 동안 지구의 환경 변화에 따라 생명은 다양하게 변화했다. 환경 변화에 적응하지 못한 종들이 사라졌고, 새로운 종들이 탄생했다. 그리고 이와 같은 과정속에서 인류의 조상이 등장했다.

과학자들은 35억 년 전에 지구에서 생명체가 탄생한 이후 열한 번 이상의 멸종이 나타났다고 주장한다. 이 가운데 규모가 가장 큰 멸종을 '대멸종(mass extinction)'이라고 부르는데, 지금까지 지구에서는 모두 다섯 번의 대멸종이 발생했다.

첫 번째 대멸종은 약 4억 4,300만 년 전 오르도비스기에 발생했다. 당시 생명체의 약 85퍼센트 이상이 사라졌는데, 일부 과학자들은 이와 같은 대멸종이 감마선 폭발 때문에 발생한 것이라고 생각한다. '미니 빅뱅'으로 불리기도 하는 감마선 폭발로 인해서 엄청난 에너지가 방출되는데, 이는 1945년 제2차 세계대전을 끝내기 위해 일본 히로시마에 떨어뜨렸던 원자폭탄 1,000조 개를 30조 년 동안 떨어뜨렸을 때 발생하는 에너지와 같다. 그야말로 우주의 탄생인 빅뱅 이후 가장 강력한 폭발이라고 할 수 있다.

다섯 차례의 대멸종…… 생명체들 물갈이

두 번째 대멸종은 3억 7,000만 년 전에 나타났다. 지질학자들은 이 시기를 데본기라고 부른다. 이 시기의 암석이 영국 데본에서 발견되었기 때문이다. 이 시기에는 매끈하고 촉촉한 피부를 지닌 양서류와 많은 어류가 탄생했다. 하지만 두 번째 대멸종으로 인해 전체 생명체의 70퍼센트 이상이 사라졌다. 과학자들은 지구의 온도가 낮아지면서 이와 같은 기후 변화에 적응하지 못한 생명체들이 멸종했다고 주장한다.

세 번째 대멸종은 지구 역사상 가장 규모가 컸던 멸종이었다. 약 2억 4,500만 년 전 페름기에 발생했던 이 대멸종으로 인해 당시 바다에 살고 있던 생명체의 96퍼센트 이상이 사라졌다. 그야말로 당시 지구에 가득했던 생명체들이 거의 대부분 멸종했다 해도 놀랄 일이 아니다. 이와 같이 가장 치명적이었던 대멸종은 화산 폭발 때문에 발생한 것으로 추정되는데, 5억 4,000만 년 전에 지구에 등장해 오랫동안 살았던 삼엽충이 이때 멸종했다. 삼엽충은 바다에 살고 있던 절지동물이었는데, 절지동물은 뼈가 없지만 단단한 골격으로 싸여 있었다. 삼엽충은 지구에 살았던 생명체들 가운데 가장 먼저 눈을 갖고 태어났던 생명체이다.

과학자들은 2억 1,500만 년 전인 트라이아스기에 발생했던 네 번째 대멸종이 당시 초대륙이었던 판게아(Pangaea)가 분리하면서 나타났던 화산 활동 때문이라고 생각한다. 판게아는 19세기 말 독일 과학자 베게너(Alfred Wegener)가 제시한 가상의 원시대륙이다. 약 2억 5,000만 년 전에 존재했던 것으로 추정된다.

베게너는 하나의 덩어리였던 지구의 대륙이 여러 대륙으로 분리되고 이동하면서 오늘날 대륙의 모습이 되었다고 생각했다. 처음에 많은 사람들은 그의 주장을 믿지 않았다. 그러나 20세기 중반 지구 표면이 여러 개의 판으로 구성되어 있다는 가설이 세워지고, 관련된 다양한 증거가 발견됨에 따라 베게너의 주장은 널리 확대되었다. 화산 활동은 바로 이와 같은 판들이 서로 상호작용하기 때문에 발생하는 것이다.

다섯 번째 대멸종은 바로 6,500만 년 전에 발생했다. 당시 지구를 지배했던 공룡이 바로 이때 사라졌다. 일부 과학자들은 이 시기에 지구와 충돌한 소행성 때문에 기후 변화가 나타났고, 결과적으로 공룡을 비롯한 대형 동물들이 사라지게 되었다고 생각한다.

1980년대 독일 다름슈타트 근처 메셀 피트 유적에서 다양한 포유류 화석이 발견되었다. 당시 발견된 화석은 5,700만~3,600만 년 전에 살았던 종들로 6,500만 년 전에 발생했던 마지막 대멸종 이후 공룡이 사라지고 포유류가 진화한 과정을 잘 보여주고 있다.

이때 발견되었던 화석 가운데 과학자들이 관심을 가졌던 것은 바로 여우원숭이와 비슷한 모양의 화석이다. '아이다'라는 별명을 가진 이 화석은 약 4,700만 년 전에 살았던 것으로 추정되는데, 지금까지 발견된 유인원 가운데 가장 오래된 것이다. 무엇보다도 엄지손가락이 나머지 손가락들과 떨어져 있어 물건을 쥘 수 있는 손을 가지고 있다는 점에서 인류와 상당히 비슷하다. 많은 과학자들은 이 종이 여우원숭이와 침팬지, 그리고 인류와 같은 영장류가 분화되는 시기에 나타났다고 생각한다.

물론 이와 같은 주장에 대한 반대도 존재한다. 일부 과학자들

- **'아이다' 화석**
  아이다는 여우원숭이와 영장류가 분화하는 시기에 나타났다. 지금까지 발견된 유인원 가운데 가장 오래된 것으로 보인다.

은 영장류에 나타나는 해부학적 특징들을 비교해보니 아이다가 여전히 여우원숭이에 더 가깝다고 주장한다. 여전히 이 종은 영장류라는 것이다. 좀 더 정확한 고고학적 증거들이 발견되고, 다양한 과학적 연구 결과가 나타날 때까지 아이다의 정체성을 둘러싼 이와 같은 논쟁은 계속될 것이다. 하지만 아이다를 무엇으로 규정하든지 이 화석이 인류의 진화와 관련된 새로운 연결고리를 제시해준 것은 분명한 사실이다.

03

삶의 희망, 가장 오래된 인류 화석

중앙아메리카 서부 카리브해 연안에 위치한 쿠바의 동쪽에 바하마라는 섬나라가 있다. 이 지역에 살고 있던 원주민들은 옥수수와 카사바를 재배했다. 카사바는 고구마처럼 생긴 작물로 칼슘과 비타민이 풍부하다. 칼로리가 낮은 대신 포만감이 높기 때문에 유엔에서는 이를 세계 8대 작물로 지정했다. 1492년 이 지역에 한 무리의 유럽인들이 도착했다. 바로 에스파냐에서 출발한 콜럼버스(Christopher Columbus)와 그의 선원들이었다. 콜럼버스는 원래 향신료가 풍부한 인도로 가려고 했지만, 거리 계산을 잘못하는 바람에 중앙아메리카에 도착하게 되었다.

콜럼버스 이후 많은 유럽인이 아메리카로 이주했다. 에스파냐는 남아메리카 식민지에서 은을 채굴해 유럽으로 가져갔고, 포르투갈은 오늘날 브라질을 식민지로 삼고 이 지역에 대규모 농장을 세웠다. 유럽인이 자본과 기술을 담당하고, 아메리카 원주민의 노동력을 착취해 상품가치가 높은 작물들을 재배하는 이와 같은 농장을 역사학자들은 '플랜테이션'이라고 부른다. 당시 유럽인은 아메리카 식민지에서 사탕수수·커피·담배·면화 등의 작물을 재배했다. 하지만 유럽인과 함께 아메리카로 이주했던 천연두나 홍역 등의 전염병 때문에 아메리카 원주민의 대다수가 사망하면서 노동력이 부족해졌다. 이를 해결하기 위해 유럽인은 새로운 노동력을 아메리카로 데려왔다. 주로 아프리카 서부 해안지역에 살고 있던 원주민들로, 강제로 아메리카로 끌려온 사람들이었다.

증기기관과 식민지 확대, 어떤 연관 있을까?

미국 버지니아주 동쪽에 위치한 제임스타운은 북아메리카로 이주한 영국인들이 처음 세운 식민지이다. 1619년 8월 1일, 이곳에 20명의 사람들이 도착했다. 그런데 이들은 영국인과 피부색이 달랐다. 아프리카에서 강제로 끌려온 원주민이었기 때문이다.

당시 북아메리카의 일부 식민지에서는 담배와 면화를 재배하는 플랜테이션이 발달했는데, 아프리카 원주민들은 플랜테이션에서 노동력을 착취당하는 노예가 되었다. 미국 역사 속에서 처음 등장했던 흑인 노예는 오늘날까지도 인종 차별과 갈등의 중요한 원인이다.

18세기 중반 영국에서는 새로운 기술이 나타났다. 바로 증기기관의 개발이다. 당시 영국뿐만 아니라 전 세계가 혹독한 추위를 겪고 있었다. 이로 인해 난방을 위한 목재 수요가 증가했지만, 수요량에 비해 공급량이 턱없이 부족했다. 사람들은 추위를 이기기 위해 새로운 연료를 찾아야만 했고, 영국인이 관심을 가진 것은 석탄이었다. 고생대의 오래된 지형이 많은 영국에 석탄이 풍부했기 때문이다. 처음에는 노천에 있는 석탄을 사용하다가 점점 석탄 사용량이 많아지면서 땅속에 있는 석탄을 채굴하기 시작했다. 석탄을 채굴할 때 지하수가 스며드는 것을 막고 물을 효과적으로 퍼 올리기 위해 개발된 것이 바로 증기기관이었다.

이후 증기기관은 다양한 용도로 사용되었다. 공장에서는 증기기관을 활용한 기계들을 사용해 대량으로 상품을 생산했다. 이제 더 많은 상품을 만들기 위한 원료와 이를 만드는 노동력, 그리고 상품을 판매할 시장이 필요해졌다. 영국을 비롯한 유럽의 일부 국가들은 이와 같은 조건을 충족시켜줄 식민지를 찾기 시작했고, 결국 전 세계적으로 많은 지역이 유럽의 식민지로 전락했다. 더 많은 식민지를 차지하기 위해 유럽 국가들 사이에서 발생한 갈등은 전쟁으로 확산되었고, 결국 1914년에 제1차 세계대전이 발발했다. 그야말로 많은 국가들이 전생에서 승리하기 위해 총력을 기울였다.

최초의 인류는 아프리카가 본거지였다

오늘날 아프리카에는 53개의 독립 국가가 있다. 제1차 세계대전이 발발했던 당시 아프리카의 독립 국가는 에티오피아와 라이베리아뿐이었다. 하지만 제2차 세계대전이 끝나고 1957년에 아프리카 서부 기니만에 위치한 가나가 처음 독립한 이후 아프리카의 독립 국가들은 점차 증가했다. 역사학자들은 1960년을 '아프리카의 해'라고 부른다. 17개의 국가가 유럽으로부터 독립했기 때문이다. 이때 독립을 선언했던 국가 가운데 하나는 중앙아프리카에 위치한 차드 공화국이다. 북부에는 아랍인이 살고 있고, 남부에는 아프리카 원주민이 살고 있다. 75년 동안 프랑스의 지배를 받았기 때문에 차드 공화국에서는 프랑스어와 아랍어를 공용어로 사용한다.

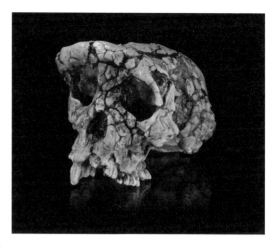

• 사헬란트로푸스 차덴시스

차드 공화국에서 발견된 사헬란트로푸스 차덴시스의 두개골이다. 이 두개골 덕분에 인류학자들은 아프리카 동부 지역뿐만 아니라 중부 지역에서도 인류의 조상들이 살았던 것으로 추정하고 있다.

차드 공화국은 오늘날 수단, 그리고 소말리아와 더불어 전 세계적으로 가장 가난한 국가 중 하나이다. 독립한 직후 30년 동안 이슬람교와 기독교를 둘러싸고 내전이 발생했기 때문이다. 뿐만 아니라 국토의 대부분이 사막과 열대초원인 사바나이기 때문에 경작할 수 있는 토지가 전체 국토의 약 4퍼센트 내외에 지나지 않는다. 특히 250만 년 전에 생성되어 한때 전 세계적으로 가장 큰 호수였던 차드호수가 지구온난화로 인해 점점 말라가면서 사막으로 변화하고 있다. 식민지배와 내전, 그리고 기후 변화 덕분에 신생 독립국은 빈곤 상태를 벗어나기 어려웠다. 차드 공화국이 전 세계적인 관심을 받게 된 것은 바로 2002년에 주라브 사막에서 발견된 화석 때문이다. 발견된 화석은 두개골과 두 개의 아래턱, 그리고 세 개의 이빨이었다. 고고학자들은 이 화석에 '사헬란트로푸스 차덴시스(*Sahelanthropus tchadensis*)'라는 학명을 붙였다. '사헬 지대의 유인원'이라는 뜻이다. 사헬 지대는 아프리카 사하라 사막 남쪽의 가장자리 지역을 뜻하는데, 화석이 발견된 차드 공화국 역시 이 지대에 속한다. 일부 사람들은 이 화석을 '투마이 원인'이라는 별명으로 부르기도 한다. 원주민인 차드족의 언어로 '삶의 희망'이라는 의미를 가지고 있다. 발견된 두개골은 다른 유인원의 화석과 비교했을 때 크기가 작았다. 오늘날 인류와 비교했을 때 사헬란트로푸스 차덴시스의 뇌 용량은 3분의 1 정도이다. 침팬지의 뇌 용량과 별다른 차이가 없다. 하지만 평평한 얼굴형이나 작은 송곳니, 큰 어금니 등 인류와 비슷한 특징도 가지고 있다.

사헬란트로푸스 차덴시스가 발견된 주라브 사막의 지층은 약 700만~600만 년 전의 것이다. 따라서 고고학자들은 이 종이 약 700만 년 전에 살았던 것으로 추정하고 있다. 이와 같은 연대 추정은 인류의 역사를 이해하는 데 매우 중요하다. 지금까지 과학자들은 DNA 연구를 통해 약 600만~550만 년 전에 침팬지와 인류가 공통조상으로부터 분화되었다고 생각한다. 따라서 차드 공화국에서 발견된 화석은 공통조상에서 인류가 분화하기 직전에 살았던 종으로 볼 수 있다. 좀 더 쉽게 말하면, 사헬란트로푸스 차덴시스는 지금까지 발견된 인류 관련 화석 가운데 가장 오래된 종으로써 인류로 진화하는 과정 속에서 어떤 특징들이 나타났는지 잘 보여주고 있다.

이와 더불어 사헬란트로푸스 차덴시스는 고고학자들이 제기하는 또 다른 가설의 근거가 되고 있다. 지금까지 인류 화석은 모두 아프리카 동부와 남부에서 발견되었다. 바로 이 지역이 공통조상으로부터 인류가 분화하여 살기 시작한 곳이다.

하지만 중앙아프리카에 위치한 차드 공화국에서 가장 오래된 인류 화석이 발견됨에 따라 많은 학자들은 최초의 인류가 아프리카의 여러 지역에 넓게 퍼져 살았던 것으로 생각한다. 영장류와 인류의 공통조상으로부터 분화하기 전과 그 후의 관계를 더욱 명확하게 보여주는 이 화석은 분명 차드족이 붙인 이름처럼 인류 역사 속에서 '삶의 희망'일 것이다.

04

침팬지와 인류의 공통조상

아프리카 동부에 위치한 케냐는 인류와 관련된 화석이 많이 발견되는 곳이다. 1974년에 케냐 쿠비 포라에서 170만 년 전의 것으로 추정되는 특이한 화석이 발견되었다. 다른 화석들과 비교했을 때 뼈 단면이 상당히 두꺼운 화석이었다. 과학자들은 이 화석의 뼈 단면이 두꺼운 이유가 죽기 전에 출혈이 심했기 때문이라고 생각했다. 그리고 이와 같은 출혈의 원인이 바로 비타민 A 과다증이라고 주장했다. 동물성 식품을 통해 섭취할 수 있는 비타민 A는 많이 섭취하는 경우 출혈이 발생할 수 있다. 이 시기에 호모 에렉투스(*Homo erectus*)라는 종이 살고 있었는데, 발견된 화

제1장 호미니드와 호미닌

석은 당시 아프리카에 호모 에렉투스 이외에도 다른 종이 살고 있었다는 사실과 더불어 인류가 육식을 하기 시작한 과정을 잘 보여준다.

2001년에 케냐 투르카나 호수에서 발견된 '케니안트로푸스 플라티오프스(*Kenyanthropus platyops*)'는 약 350만~320만 년 전에 살았던 것으로 추정된다. 당시 살고 있었던 오스트랄로피테쿠스 아파렌시스(*Australopithecus afarensis*)보다 더 오늘날 인류의 모습과 닮았으며, 약 150만 년 전에 살았던 호모 하빌리스(*Homo habilis*)와 상당히 비슷하다. 이 화석의 발견으로 300만 년 전쯤 아프리카에서 여러 종들이 함께 나타나 서로 다른 방식으로 진화했다는 주장이 많은 설득력을 얻고 있다.

직립보행 '최초의 인류' 화석 찾아내

같은 해 케냐 투겐 언덕에서는 또 다른 인류의 화석이 발견되었다. 지구 내부의 암석은 화산작용으로 인해 고온으로 가열되고 액체 상태로 변화하는데, 과학자들은 이를 마그마라고 부른다. 투겐 언덕은 마그마가 분출하여 지표로 흐르는 용암 때문에 만들어진 지형으로 연대 측정이 어렵지 않다. 방사성 탄소 연대 측정법에 따르면 이 화석은 약 600만 년 전의 것으로 추정된다.

700만 년 전에 살았던 사헬란트로푸스 차덴시스에 이어 두 번째로 오래된 인류 화석이다. 뿐만 아니라 이 시기는 바로 침팬지와 인류의 공통조상에서 인류가 분화된 시기이기도 하다. 따라서 많은 과학자들은 바로 이 화석이 침팬지와 인류의 공통조상일 것이라 생각한다. 이런 점에서 이 화석을 '오로린 두세넨시스(*Orrorin tugenensis*)'라고 불렀는데, '최초의 인간'이라는 뜻을 가지고 있다.

인류가 분화했던 공통조상일 가능성 이외에도 오로린 투게넨시스는 인류의 진화와 관련해 또 다른 중요한 의미를 가지고 있다. 바로 직립보행이다. 직립보행은 두 다리로 이동하는 것을 의미한다. 이를 통해 앞다리는 팔이 되었고, 인류는 손을 자유롭게 사용할 수 있는 존재가 되었다. 따라서 인류의 진화 과정 속에서 직립보행은 매우 중요하다. 물론 일부 유인원 가운데 손을 사용하는 종들도 있지만, 이와 같은 종들은 여전히 네 발을 이용해 걸었다. 인류와 뚜렷하게 구별되는 차이점이라 할 수 있다.

오로린 투게넨시스의 두개골은 발견되지 않았지만, 다리와 팔, 손가락뼈 등이 발견되었다. 과학자들이 오로린 투게넨시스의 넓적다리뼈를 분석한 결과, 다른 인류 화석보다 피질이 더 두껍다는 사실을 발견했다. 이는 이들의 다리가 튼튼했음을 보여주는 과학적 증거이다. 이와 더불어 엉덩이 관절에 몸무게가 많이 실렸던 것으로 추정하는데, 이 역시 직립보행의 증거로 볼 수 있다. 우리는 이런 증거들을 통해 오로린 투게넨시스가 직립보행을 했던 최초의 인류였음을 알 수 있다.

하지만 오로린 투게넨시스는 영장류로서의 특징도 동시에 가지고 있었다. 이들의 팔뼈를 분석해보면 나무를 타고 오르내렸던 것을 알 수 있다. 당시 케냐를 비롯한 적도 근처의 아프리카 지역에서는 열대 우림이 형성됐고, 1년 내내 나무와 풀이 우거졌다. 이와 같은 환경에서는 먹을 것이 풍부하고, 은신처도 다양하다. 따라서 다른 종들과 마찬가지로 오로린 투게넨시스 역시 주로 나무에서 생활했던 것으로 추정된다. 그 결과, 이들의 팔은 나무를 잘 오르내릴 수 있도록 발달했을 것이다.

침팬지와 인류의 공통조상 '아직은 불분명'

오로린 투게넨시스와 함께 침팬지와 인류의 공통조상으로 언급되는 또 다른 화석이 있다. 1994년 에티오피아 아파르의 미들 아와쉬 유적에서 발견된 이 화석은 약 440만 년 전에 살았던 것으로 추정된다. 화석이 발견된 지역의 지층 연대는 약 500만 년 전으로 침팬지와 인류의 공통조상에서 분화된 시기와 비슷하다.

따라서 많은 사람들은 이 화석이 공통조상일 가능성이 매우 높다고 생각했다. 고고학자들은 발견한 화석에 '아르디피테쿠스 라미두스(*Ardipithecus ramidus*)'라는 학명을 붙였다. 아파르 언어로 아르디는 '땅'을 의미하고, 라미드는 '뿌리'를 의미한다. 따라서 이 화석은 '땅 위에 사는 종의 뿌리'라는 뜻을 가지고 있다.

비록 모습은 침팬지에 더 가깝고 뇌 용량 역시 500세제곱센티미터 정도밖에 되지 않았지만, 아르디피테쿠스 라미두스는 땅 위에 살았다는 점에서 다른 화석들과 구분된다. 과학자들은 아르디피테쿠스 라미두스의 발뼈와 엉덩이뼈의 형태를 살펴보았을 때, 이들이 기존의 다른 영장류들과 달리 직립보행을 했다고 생각했다.

그런데 최근 아르디피테쿠스 라미두스의 화석은 인류의 진화 과정 속에서 또 다른 논쟁을 불러일으켰다. 바로 이들의 엄지발가락 모양 때문이다. 인류와는 달리 아르디피테쿠스 라미두스의 엄지발가락은 옆으로 갈라져 나와 있다. 마치 우리의 엄지손가락처럼 말이다. 일부 과학자들은 이와 같은 발가락 모양이 나무 위에 거주하는 영장류의 특징이라고 주장한다. 이를 통해 우리는 아르디피테쿠스 라미두스는 영장류의 특징뿐만 아니라 인류의 특징도 함께 가지고 있었다는 사실을 알 수 있다.

새로운 화석들이 발견되면서 인류의 진화를 둘러싼 다양한 논쟁이 발생했다. 아직까지 어떤 종이 침팬지와 인류의 공통조상에 해당하는지는 분명하지 않다. 뿐만 아니라 공통조상으로부터 분화된 이후 지구에 출현했던 최초의 인류가 누구인지도 명확하게 밝혀지지 않았다.

하지만 다양한 증거들과 이에 대한 과학적 분석들이 많아질수록 인류의 기원을 둘러싼 이야기들은 더욱 풍부해질 것이다. 그리고 우리는 그 속에서 지금까지 발견되지 않았던 연결고리들을 찾을 수 있을 것이다. 이를 통해 지금까지 논의되어왔던 인류의 출현과 진화를 과학적 증거들을 토대로 새로운 방식으로 설명할 수 있다.

05

비틀스와 루시

오렌지 나무와 마멀레이드 하늘과 함께

네가 강 위에 있는 배에있다고 상상해봐

누군가 너를 부르고 너는 아주 천천히 대답하지

만화경 같은 눈을 한 소녀

노랗고 연두색인 셀로판 꽃들이

너의 머리 위로 날아오르고 있어 태양을 눈에 담은 소녀를 찾아

하지만 그녀는 가버렸어 다이아몬드와 함께 하늘에 있는 루시

1957년 영국 리버풀 출신 청년 네 명이 밴드를 만들었다. 이들

은 자신들의 밴드에 '비틀스(Beatles)'라는 이름을 붙였다. 1964년 미국에 진출한 이후 비틀스는 전 세계적인 스타가 되었다. 많은 사람이 이들의 노래에 열광했다. 비틀스 멤버 가운데 리듬 기타를 담당했던 존 레논의 아들은 유치원에 함께 다니는 친구인 루시(Lucy)를 그렸다. 그리고 다이아몬드와 함께 하늘에 있는 루시라고 설명했다. 이 그림을 본 비틀스는 「다이아몬드와 함께 하늘에 있는 루시」라는 노래를 만들었다.

'루시'는 유인원과 인류의 특징 모두 지녀

1974년 에티오피아 하다르에서 인류의 화석이 발견되었다. 화석을 발견했을 때 사람들은 라디오를 듣고 있었다. 이때 흘러나왔던 음악이 바로 비틀스의 「다이아몬드와 함께 하늘에 있는 루시」였다. 사람들은 발견한 화석에 '루시'라는 이름을 붙였다. 당시 학자들은 칼륨-아르곤 연대 측정법을 통해 이 화석의 연대를 추정하고자 했다. 하지만 풍화작용으로 암석이 변화했기 때문에 연대를 측정하기가 매우 어려웠다. 결국 분석 물질로 칼륨 대신 아르곤을 사용하면서 정밀도가 훨씬 높은 아르곤-아르곤 연대 측정법이 개발됐고, 근처에서 화산재를 발견하면서 루시의 연대 측정을 할 수 있게 됐다. 오늘날 고고학자들은 루시가 약

320만 년 전에 살았던 것으로 생각한다. 그리고 '오스트랄로피테쿠스 아파렌시스(*Australopithecus afarensis*)'라는 학명을 붙였다.

루시가 인류의 진화와 역사에서 중요한 의미를 가지고 있는 이유는 바로 직립보행 때문이다. 이미 600만 년 전에 등장했던 오로린 투게넨시스 때부터 일부 종들은 직립보행을 했던 것으로 추정된다. 하지만 루시는 그 자체로 오스트랄로피테쿠스 아파렌시스가 직립보행을 했다는 사실을 증명하는 분명한 증거였다. 루시는 두개골과 넙다리뼈, 골반 등이 함께 발견되었다. 이 가운데 넙다리뼈와 골반이 바로 직립보행의 증거이다. 인류는 넙다리뼈가 안으로 기울어져 있어 무릎 아래쪽으로 무게 중심이 옮겨지기 때문에 다른 종들과는 달리 안정적으로 직립보행을 할 수 있다. 또한 골반이 넓어 내장을 받쳐주기 때문에 직립보행이 가능했다. 루시도 마찬가지였다.

1978년 탄자니아 라에톨리 사막에서 고고학자들이 세 개의 발자국을 발견했다. 이 발자국은 약 350만 년 전의 것으로 추정된다. 당시 아프리카는 화산 폭발 때문에 화산재가 비와 섞여 질퍽거렸다. 그 덕분에 이들의 발자국이 선명하게 남을 수 있었다. 이후 다시 화산 폭발이 발생하면서 발자국은 화산재에 뒤덮였다가 수백만 년이 지난 후에 발견되었다. 당시 고고학자들과 인류

· 인류 최초의 두 발자국

라에톨리 사막에서 발견된 인류의 발자국이다. 약 350만 년 전의 것으로 추정되며, 고고학자들과 인류학
자들은 이를 '인류 최초의 두 발자국'이라 불렀다.

학자들은 이 발자국을 '인류 최초의 두 발자국'이라고 불렀다. 다
른 하나의 발자국은 1969년 아폴로 11호를 타고 달에 착륙한 암
스트롱(Neil Amstrong)의 것이다.

　전 세계가 라에톨리 발자국에 많은 관심을 가졌던 이유는 이
발자국에 앞다리의 흔적이 없었기 때문이다. 다시 말해, 이 발
자국의 주인들은 명백하게 직립보행을 했던 것이다. 뿐만 아니
라 화석으로 남은 발자국에서 우리는 엄지발가락이 다른 발가락
과 나란히 있는 것을 볼 수 있다. 아르디피테쿠스 라미두스의 엄
지발가락은 유인원처럼 옆으로 나와 있었기 때문에 과연 이들을
최초의 인류로 볼 수 있는가를 둘러싸고 논쟁이 발생하기도 했

다. 따라서 발자국 화석의 주인인 350만 년 전에 아프리카에 살고 있었던 오스트랄로피테쿠스 아파렌시스는 직립보행이라는 인류의 특징을 잘 보여주고 있다.

하지만 루시 역시 인류의 진화 속에서 논쟁을 불러일으켰다. 루시의 발견 이전까지 많은 인류학자들은 인류가 직립보행을 하게 된 것은 두뇌 용량이 증가했기 때문이라고 생각했다. 두뇌 용량이 증가함에 따라 직립보행을 할 수 있게 되었고, 자유로워진 손을 이용해 도구를 제작하고 사용할 수 있게 되면서 인류만의 특징을 가진다고 생각했던 것이다. 그런데 루시의 두뇌 용량은 약 500세제곱센티미터 정도로 오늘날 인류 두뇌 용량의 3분의 1에 해당한다. 침팬지의 두뇌 용량과 별다른 차이가 없는 셈이다. 그러므로 루시는 직립보행으로 두 손이 자유로워져 도구를 만들게 되면서 두뇌 용량이 점점 커지고 인류가 진화했음을 분명하게 보여주는 고고학적 증거이다.

2015년 라에톨리사막 근처에서 또 다른 발자국 화석이 발견되었다. 이번에 발견된 발자국 화석은 12개였는데, 인류학자들은 이 발자국 역시 오스트랄로피테쿠스 아파렌시스의 것이라 생각했다. 연구팀이 발자국 크기를 통해 키를 추정해본 결과, 성인 남성과 성인 여성, 그리고 아이의 발자국으로 추정된다. 그리고 이를 통해 이들이 일부다처제를 유지했을 것이라고 주장했다.

　이에 대해 다른 학자들은 발자국만으로는 성별을 알기 어려우며, 발자국 크기를 통해 키를 추정하는 것 역시 문제가 있다고 주장했다. 이런 논쟁은 다른 종들과 마찬가지로 오스트랄로피테쿠스 아파렌시스 역시 유인원과 인류의 특징을 모두 가지고 있음을 잘 보여준다.

　최근 과학자들은 컴퓨터 단층촬영(CT)을 이용해 루시의 골격을 분석했다. 컴퓨터 단층촬영이란 X선 발생 장치가 있는 원형 기계에 들어가 인체를 가로로 촬영하는 기술이다. 명확한 비교를 위해 연구팀은 침팬지와 인간, 그리고 루시를 분석했다. 그 결과, 나무를 오르내리는 침팬지는 하체보다 상체가 발달했던 반면, 직립보행을 하는 인간은 하체가 더 발달했음을 알 수 있었다. 루시는 침팬지와 인간의 중간 정도였기 때문에 연구팀은 루시가 침팬지와 인간의 생활방식을 모두 가졌을 것이라 추정했다. 이와 더불어 루시의 사망 원인이 나무에서 떨어져서 발생한 골절과 그로 인한 장기 손상일 것이라고 덧붙였다.

　이와 같은 연구 결과는 인류의 진화 속에서 루시가 지니는 역사적 중요성과 의미를 잘 보여준다. 비틀스의 노래 가사처럼 그야말로 루시는 인류 역사 속에서 다이아몬드 같은 존재이다.

06

오스트랄로피테쿠스에서 호모로

미국 워싱턴 D.C.에는 세계 최대 규모의 박물관이 있다. 바로 스미소니언 박물관이다. "인류의 지식을 넓히기 위한 시설을 워싱턴 D.C.에 세우고 싶다"는 영국 과학자 스미손(James Smithson)의 유언에 따라 1846년 그의 기부금으로 설립되었다. 모두 19개의 박물관과 미술관, 도서관으로 구성되어 있다. 이 가운데 국립자연사박물관은 런던 자연사박물관과 파리 자연사박물관, 뉴욕에 위치한 미국 자연사박물관과 더불어 세계적으로 유명한 박물관이다.

국립자연사박물관에는 공룡과 매머드 등 멸종한 동물들을 비롯해 전 세계적으로 가장 많은 화석이 전시되어 있다. 이와 더불어 인류의 진화와 관련된 전시도 있다. 약 600만~550만 년 전에 공통조상으로부터 침팬지와 인류가 분화된 이후 인류는 크게 네 가지 집단으로 구분된다. 바로 아르디피테쿠스 집단, 오스트랄로피테쿠스 아파렌시스 집단, 파란트로푸스 집단, 그리고 호모 집단이 그것이다.

인류의 화석 쏟아진 올두바이계곡

아프리카 동부 해안 지역에 위치한 탄자니아는 유네스코 세계유산으로 등재된 세렝게티 국립공원으로 유명하다. 초식 동물과 포식자들이 세계 최대 규모로 서식하고 있다. 동물들이 마르지 않는 물웅덩이를 찾아 서쪽으로 이동하는 장면은 그야말로 장관이다. 세렝게티 국립공원이 수많은 동물의 요람이라면, 국립공원 동부에 위치한 올두바이 협곡은 인류 화석의 요람이다. 유난히 인류 화석이 많이 발견된 곳이기 때문이다. 1959년 이곳에서 화석이 하나 발견되었다. 유명한 영국 인류학자 리키 부부(Louis Leakey & Mary Leakey)가 발견한 것이었다. 이들은 아프리카 동부 지역에서 많은 인류 화석을 발견함으로써 인류의 진화를 설명하는 데 중요한 역할을 담당했다.

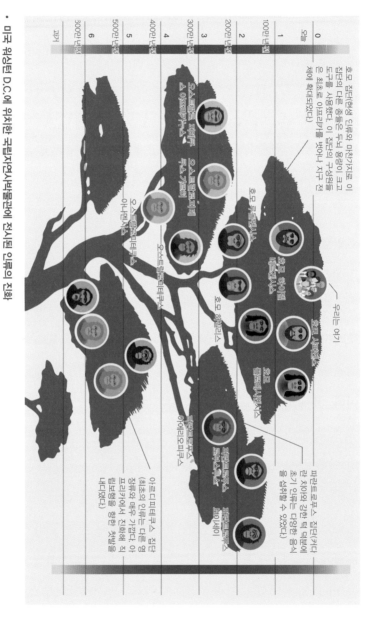

- 미국 워싱턴 D.C.에 위치한 국립자연사박물관에 전시된 인류의 진화
  영장류와 인류의 공통조상으로부터 침팬지와 인류가 분화된 이후, 인류를 아르디피테쿠스·오스트랄로피테쿠스·파란트로푸스·호모라는 네 개의 집단으로 구분했다.

리키 부부가 발견한 화석은 약 175만 년 전의 것으로 추정된다. 이 화석은 턱이 아주 발달했고, 어금니가 매우 단단했기 때문에 '호두까기 사람'이라는 별명을 얻었다. 약 230만~120만 년 전까지 동아프리카에서 살았는데, 바로 오스트랄로피테쿠스가 살았던 시기와 비슷하다. 따라서 이 화석이 오스트랄로피테쿠스와 동일한 종이라고 생각했던 인류학자들은 '오스트랄로피테쿠스 보이세이(*Australopithecus boisei*)'라는 학명을 붙였다. 하지만 오스트랄로피테쿠스와 파란트로푸스의 해부학적 차이가 밝혀지면서 '파란트로푸스 보이세이(*Paranthropus boisei*)'라는 새로운 학명이 붙여졌다. 과학적 연구 결과 덕분이다. 파란트로푸스 보이세이는 '사람 이외의 또 다른 사람'이라는 의미인데, 비슷한 시기에 오스트랄로피테쿠스가 함께 살고 있었기 때문에 붙여진 이름이라고 할 수 있다.

손을 자유롭게 사용하니 두뇌 용량 늘어나

파란트로푸스 보이세이가 발견된 지층에서 간단한 형태의 도구가 발견됐다. 주로 돌로 만든 것들이었다. 오늘날 고고학적 연구 결과에 따르면, 이 도구들은 주로 생존에 필요한 식량을 얻기 위해 사용했던 것으로 추정된다. 루시의 발견 이후 인류학자들은 인류의 진화 과정 속에서 직립보행이 먼서 나타나고, 이후 손을 자유롭게 사용하면서 두뇌 용량이 점차 증가했다는 사실을 알게 됐다. 따라서 많은 사람들은 파란트로푸스 보이세이도 도구를 사용한 이후 뇌의 용량이 증가하기 시작했다고 생각했다. 하지만 파란트로푸스 보이세이의 뇌 용량은 루시와 크게 다르지 않았다.

결국 이 화석을 발견한 루이스 리키는 도구를 사용한 것은 파란트로푸스 보이세이가 아니라 비슷한 시기에 살았던 다른 종이라고 주장했다. 바로 이 종이 약 230만 년 전에 아프리카 동부에 살았던 '호모 하빌리스(*Homo babilis*)'이다. 호모 하빌리스의 뇌 용량은 600~800세제곱센티미터 정도로 이전에 지구에 살았던 다른 종들보다 컸다. 많은 인류학자들은 도구를 제작하면서 뇌 용량이 증가했고, 이와 같은 현상이 이후 인류의 진화에서 계속 발생했다고 생각했다.

이제 인류의 역사는 호모라는 새로운 종이 이끌어가기 시작한 것이다.

린네와 『자연의 체계』, 분류학의 체계 세웠지만 오류도 많아

린네는 스웨덴 식물학자로서 생물 분류학의 기초를 마련했기 때문에 '식물학의 시조'라고 불린다. 어렸을 때부터 식물에 많은 관심을 보여 생리학과 식물학, 약학을 공부했다. 유럽 최북단 지역인 라플란드로 여행해 새로운 식물과 동물, 광물을 조사했다. 이때 100여 종 이상의 새로운 식물들을 발견했다.

1735년 『자연의 체계(Systema Naturae)』라는 저서를 집필했는데, 이 책에는 4,400여 종의 동물과 7,700여 종의 식물이 포함되어 있었다. 이 책의 가장 중요한 특징은 어렵고 긴 학명 대신 간결한 이명법을 사용했다는 것이다. 이명법이란 생물 분류학에서 종의 학명을 붙이는 경우 라틴어로 속명과 종명을 나열한 것을 의미한다. 린네는 꽃의 수술 모양과 위치, 개수에 따라 스물네 가지 종류의 강으로 분류했다. 이와 같은 표기 방법은 식물뿐만 아니라 동물에도 적용되었는데, 예를 들어 사람의 학명은 '호모 사피엔스(*Homo sapiens*)'라고 표기한다.

린네는 사람을 동물에 포함시켰다. 그는 사람과 원숭이가 말하는 기관을 제외하고는 기본적으로 나타나는 해부학적 특징이 동일하다고 믿었기 때문에 사람과 원숭이를 '안드로포모르파(*Anthropomorpha*)'라는 범주에 넣었다. 이와 더불어 사람의 종을 사는 지역과 피부색에 따라 네 개의 종으로 세분화했다. 유럽에 사는 백인과 아메리카에 사는 홍인, 아시아에 사는 황인, 그리고 아프리카에 사는 흑인이 바로 그것이다.

린네의 분류는 현대 분류학이 발전하는 데 중요한 토대를 제공했다. 하지만 이와 더불어 많은 오류를 가지고 있기도 하다. 우선 그는 종이 변하지 않는다고 믿었기 때문에 외적인 특징을 중심으로 종을 분류했다. 이러한 점에서 그의 분류법은 종간 계통이나 관계를 고려하지 않은 것이라 할 수 있다. 그의 분류법은 18세기 후반 종의 변화를 주장하는 진화학의 영향을 받아 계통수로 바뀌었고, 이후 계통발생에 따른 명명법이 널리 확산되었다.

흑인 노예, 누구의 잘못과 책임일까?

1764년 4월 5일 영국 의회는 역사상 매우 중요한 법률을 제정했다. 바로 '설탕법(Sugar Act)'이다. 당시 영국은 오하이오강 유역의 영토를 둘러싸고 프랑스와 전쟁을 벌이며 국채를 대량으로 발행했다. 전쟁이 끝난 후 영국의 부채는 열 배 이상 증가했다. 영국 총리 그렌빌(George Grenville)은 아메리카 식민지 방위비를 조달하기 위해 기존에 책정됐던 당밀 관세율을 감액하는 대신 설탕이나 커피, 직물 등에 새로운 관세를 부과했다. 그리고 이를 어긴 사람에 대한 처벌을 강화했다. 다른 법들과 더불어 설탕법은 식민지에서 혁명 발생의 중요한 원인 가운데 하나였다.

사탕수수는 설탕의 원료이다. 원래 인도를 비롯한 동남아시아에서 재배되었는데, 알렉산드로스(Alexanderos) 대왕이 페르시아를 정복하면서 처음 유럽에 전해졌다. 이후 12세기에 십자군 전쟁을 통해 설탕은 유럽인들에게 좀 더 널리 알려졌다. 오랫동안 설탕은 매우 귀한 상품이었으며 설탕에 대한 유럽인들의 수요는 계속 증가했다. 15세기 말 아메리카로 항해했던 이탈리아 탐험가 콜럼버스는 카리브해 연안에 사탕수수를 가져가 재배하기 시작했다. 이후 아메리카를 식민지로 삼았던 유럽인들은 이 지역에 대규모의 사탕수수 플랜테이션 농장을 건설했고, 대량으로 설탕을 생산하기 시작했다.

이후 설탕은 아프로-유라시아와 아메리카 사이의 대규모 인구 이동을 초래했다. 사탕수수 플랜테이션 농장에서는 대규모의 노동력이 필요했는데, 콜럼버스가 아메리카에 도착한 후 1세기가 지나지 않아 아메리카 원주민들의 90퍼센트 이상이 천연두나 홍역과 같은 전염병으로 절멸했다. 따라서 사탕수수 플랜테이션 농장에서는 새로운 노동력이 절실했다. 결국 이들이 선택한 것은 아프리카 서부 해안 지역에 살고 있던 아프리카 원주민들을 강제로 아메리카로 데려오는 것이었다. 바로 아프리카 흑인 노예이다.

노예로 포획된 아프리카 원주민 가운데 많은 사람들이 북아메리카와 카리브해 연안으로 이동했다. 하지만 가장 많은 수의 아프리카 원주민들이 이동했던 지역은 바로 오늘날의 브라질이다.

당시 브라질은 포르투갈의 식민지였는데, 유럽의 다른 국가들과 마찬가지로 포르투갈 역시 설탕 생산에 많은 관심을 가지고 있었다.

대규모의 사탕수수 플랜테이션 농장에서 아프리카 원주민들은 노동력을 착취당했고, 백인과 다른 피부색 때문에 인간 이하의 대우를 받았다. 이와 같은 관점에서 살펴본다면, 과연 과거의 흑인 노예 문제뿐만 아니라 오늘날까지도 전 세계적으로 논란이 되고 있는 피부색에 따른 인종 차별은 누구의 잘못일까? 누가 이와 같은 문제와 관련해 깊이 반성해야 하는 걸까?

오랫동안 종교가 모든 것을 지배했던 시기가 있었다. 이 시기에 철학을 비롯한 학문들은 신학에 종속되어 있었다. 그리고 사람들은 신이 인간의 역사에 어느 정도나 개입하는지, 과연 인간은 신의 섭리를 어느 정도까지 이해하는지 궁금해했다. 이탈리아 철학자 아퀴나스(Thomas Aquinas)는 신의 피조물 가운데 인간을 가장 상위에 두고 있다. 인간은 이성을 부여받은 존재이기 때문이다. 인간은 이성을 토대로 자유 의지를 가지고 선과 악을 행한다. 따라서 많은 학자들은 이성이야말로 인간을 인간답게 만드는 중요한 특징이라고 주장한다. 과연 그러할까? 약 600만~550만 년 전 공통조상에서 분화된 이후 인간은 어떤 진화 과정을 거쳤을까? 그리고 이와 같은 과정 속에서 나타났던 변화들은 인간을 인간답게 만드는 데 어떤 영향을 미쳤을까? 이 장에서는 인간과 비슷한 특징을 가지기 시작했던 여러 종들에 대해 살펴보고, 이들과 우리들 사이의 공통점과 차이점을 생각해보기로 하자.

제2장

호모 하빌리스와 호모 에렉투스

01

올두바이 유적과 석기 제작

1978년 한 미군 병사가 흥미로운 사실을 발견했다. 미국 인디애나대에서 고고학을 공부했던 그는 어느 날 경기도 전곡리에 위치한 한탄강 근처에 바람을 쐬러 갔다. 한탄강은 강원도 철원군에서 경기도 연천군으로 흘러 임진강으로 합류한다. 이 강의 원래 이름은 석체천(石切川)이다. 강 양쪽 언덕의 벽이 마치 무덤 앞에 놓는 매끈한 돌처럼 생겼다고 해서 붙여진 이름이다. 언제부터 한탄강이라는 이름으로 불렸는지 정확하지는 않지만, 이와 같은 이름에는 다음과 같은 이야기가 전해온다.

후삼국 가운데 하나였던 후고구려를 세운 궁예는 후백제와 전쟁을 치렀다. 그리고 이 강에 와서 구멍이 뚫린 검은 돌들을 보면서 자신의 운명을 한탄했다. 이후 사람들은 이 강을 한탄강이라고 부르기 시작했다. 한탄강은 화산 폭발 때문에 아래로 푹 꺼진 골짜기를 따라 흐른다. 따라서 주변에는 다른 강들과 달리 현무암이 많다.

전곡리 주먹도끼는 인류 진화의 가늠자

화산 활동으로 인해 흘러나온 용암이 차가운 공기나 물을 만나 식으면서 만들어진 돌이 바로 현무암이다. 우리나라 제주도에는 특히 현무암이 많다. 우리가 제주도에서 쉽게 볼 수 있는 돌하르방은 원래 조선시대에 관청 앞에 세웠던 돌 조각상이었다. 하르방은 제주 방언으로 '할아버지'라는 뜻을 가지고 있는데, 바로 현무암으로 만든다. 궁예가 보았던 구멍이 뚫린 검은 돌 역시 현무암이다. 고고학자들은 이 현무암이 약 50만 년 전에 만들어진 것이라고 추정한다.

미군 병사는 바로 한탄강에서 특이하게 생긴 돌을 주웠고 우리나라 학자들에게 이 돌을 보여주었다. 조사단은 이 지역이 우리나라에서 가장 오래된 구석기 유적이라는 사실을 밝혔다. 인류의 진화 과정은 여러 가지 기준에 따라 구분할 수 있는데,

* **경기도 연천군 전곡리에서 발견된 석기들**
1978년 전곡리 유적에서 약 4,000개 이상의 석기가 발견되었다. 이것으로 유럽인들만 아슐리안 석기를
제작했던 것이 아니라는 사실이 밝혀졌다.

고고학자들은 도구를 제작하는 기술을 기준으로 삼아 인류의 진
화 과정을 설명한다. 구석기 시대는 가장 오래된 시기인데, 일반
적으로 인류가 최초로 도구를 만들었던 시기부터 농경이 시작된
약 1만 년 전까지를 의미한다. 약 230만 년 전에 파란트로푸스
보이세이가 출현했을 때부터 구석기 시대가 시작된 것이다. 그
야말로 아주 오랜 시간이다.

전곡리 유적에서는 약 4,000개 이상의 석기가 발견되었다. 찍
개·주먹도끼·긁개 등이 대부분이었다. 찍개는 한 손에 쥘 수 있
는 크기의 돌을 한쪽 방향에서만 내리쳐 날카로운 면을 만든 도

구이다. 주먹도끼는 주먹에 쥐고 사용하는 도끼를 의미하는데, 고고학자들은 이 도구를 '맥가이버 칼'에 비유하곤 한다. 미국 드라마에 등장한 맥가이버(MacGyver)는 다양한 용도로 사용되는 칼 한 자루를 가지고 비밀임무를 수행하는 첩보원이다. 그가 사용하는 칼은 스위스 빅토리아녹스에서 만드는데, 무게가 가볍고 여러 가지 공구를 대신해 활용할 수 있다. 구석기인에게 주먹도끼는 찍고, 자르고, 땅을 파는 등 다양한 기능을 할 수 있는 도구였던 셈이다. 긁개는 동물 가죽이나 과일 껍질을 벗길 때 사용했던 도구이다.

전곡리에서 발견된 이와 같은 석기들은 우리나라에서 가장 오래된 도구들이라는 것 이외에 또 다른 역사적 중요성을 지닌다. 많은 고고학자들은 구석기인의 '맥가이버 칼'인 주먹도끼가 인류의 진화에서 매우 중요한 도구라고 생각한다. 돌 끝을 날카롭게 만드는 대신 손에 쥐는 부분은 둥글게 만들어야 하기 때문이다. 이와 같은 디자인은 설계와 계획이 없으면 만들기 어렵다. 따라서 학자들은 주먹도끼를 만든 인류의 두뇌 용량이 다른 종들에 비해 컸을 것이라고 추정한다. 이들이 다른 인류에 비해 더욱 진화했다는 것이다.

이와 같이 철저한 계획을 통해 제작된 주먹도끼는 프랑스 성

아슐 지역에서 많이 발견됐다. 이곳에서 발견된 주먹도끼에 사람들은 '아슐리안 석기'라는 이름을 붙였다. 주로 아프리카와 유럽에서 많이 발견됐기 때문에 일부 고고학자들은 당시 뇌 용량이 증가하고 두뇌가 발달한 인류가 살았던 지역에서만 아슐리안 석기가 제작됐다고 주장했다. 결국 유럽에 살고 있었던 인류의 조상이 다른 지역보다 훨씬 똑똑하고 우월했기 때문에 아슐리안 석기와 같이 발달된 도구를 만들 수 있었다는 것이다.

인류의 직접 조상 '호모 하빌리스'

이와 같은 주장을 제기한 대표적인 고고학자는 미국 하버드대 인류학자 모비우스(Hallam L. Movius)였다. 1940년 그는 인도보다 동쪽에 위치한 지역들에서는 주먹도끼가 제작되지 않았다고 주장했다. 대신 이런 지역들에서는 찍개를 주로 사용했다고 덧붙였다. 오랫동안 많은 학자들은 모비우스의 주장을 받아들였다. 하지만 1978년 우리나라에서 주먹도끼가 발견됨에 따라 이와 같은 가설은 더 이상 설득력을 가지지 못했다. 우리나라뿐만 아니라 중국에서도 주먹도끼가 발견되면서 인류가 아프리카와 유럽만이 아니라 아시아에서도 도구를 제작해서 사용해왔다는 사실이 널리 확산되었다.

전곡리 유적이 우리나라에서 가장 오래된 구석기 유적이라면 세계에서 가장 오래된 구석기 유적은 어디일까? 바로 탄자니아 올두바이 협곡이다. 1959년에 리키 부부가 파란트로푸스 보이세이를 발견했던 바로 그 지역이다. 올두바이 협곡은 골짜기 양쪽으로 늘어선 벼랑이 수직에 가까울 정도로 경사가 급격하고, 계곡이 매우 깊다. 계곡은 약 70미터 정도의 깊이이며, 다섯 개의 퇴적층으로 이루어져 있다. 첫 번째 퇴적층에서 이들은 인류 화석과 석기를 발견했다. 리키 부부는 이 화석이 자신들이 발견했던 파란트로푸스 보이세이와는 다른 종이라고 생각했다. 그리고 이들의 손목뼈와 발뼈 등을 조사한 결과, 이 화석이 파란트로푸스 보이세이와 서로 다른 종이라는 사실이 과학적으로 밝혀졌다. 리키 부부는 이들이야말로 인류의 직접적인 조상이라고 생각했고, 이 화석에 호모 하빌리스라는 이름을 붙였다. 최초의 사람 속(屬, genus)이 등장한 것이다.

02

호모 하빌리스, 최초의 사람 속?

1964년 과학전문 주간지인 「네이처(*Nature*)」에 한 편의 논문이 실렸다. 이 논문을 통해 호모 하빌리스가 세상에 모습을 나타냈다. 리키 부부의 아들인 저명한 고고학자 리처드(Richard Leaky)는 호모 하빌리스의 뇌 용량이 이전에 발견했던 다른 화석들보다 50퍼센트 이상 컸다고 주장했다. 하지만 호모 하빌리스가 사람 속으로 인정받기 위해서는 까다로운 기준을 통과해야만 했다. 이미 1955년에 영국 해부학자이자 고인류학자 클락(Wilfrid Le Gros Clark)이 사람 속의 기준으로 직립보행과 직립, 손의 사용, 그리고 750세제곱센티미터 이상의 뇌 용량 등을 제시했기 때문이다.

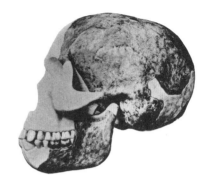

• 에오안트로푸스 도스니
일명 '필트다운인'의 두개골이다. 유럽인들의 역사가 다른 지역이나 국가보다 오래되었음을 강조하기 위해, 가장 오래된 인류라는 의미를 가진 이름으로 불렸다.

클락은 1953년 전 세계를 떠들썩하게 했던 사기 사건을 해결했던 사람 중 한 명이었다. 1911년과 1915년, 영국 남부에 위치한 필트다운의 퇴적층에서 인류의 두개골이 발견됐다. 이를 발견한 사람은 변호사이자 아마추어 고고학자 도슨(Charles Dawson)이었다. 그는 자신이 유인원에서 인류로 진화하는 단계에 해당하는 인류의 조상을 발견했다고 주장했다. 그가 발견한 화석은 가장 오래된 인류라는 뜻을 지닌 '에오안트로푸스 도스니(*Eoanthropus dawsoni*)'라는 이름으로 불렸다. 많은 사람들이 유인원에서 인류로 진화하는 단계에서 잃어버린 고리를 찾았다고 생각했다. 특히 영국인들은 가장 오래된 인류가 영국에서 발견되었다는 사실에 자부심을 느끼면서 이 화석을 대영박물관에 전시했다. 그리고 전 세계의 여러 박물관들에 석고상을 만들어 보내기도 했다.

연대 측정해보니 '필트다운인'은 가짜

그러나 다른 지역의 인류학자들은 이와 같은 발견에 대해 많은 의혹을 제기했다. 1953년 새로운 과학적 방법을 사용해 일명 '필트다운인'이라 불렸던 에오안트로푸스 도스니의 연대를 측정했다. 이 방법은 불소를 이용한 연대 측정법으로 생명체가 죽은 다음 주변의 흙에서 불소가 유골에 스며들어가는 특징을 활용한 것이다. 불소 연대 측정법에 따르면 오래된 유골일수록 불소 함유량이 많다. 이를 통해 필트다운인의 연대를 측정한 결과, 매우 놀라운 사실이 밝혀졌다. 두개골과 턱뼈의 불소 함유량이 서로 달랐던 것이다. 두개골은 수천 년 전의 것이었던 반면, 턱뼈에는 불소가 함유되어 있지 않았다. 필트다운인의 두개골과 턱뼈는 서로 다른 시기의 유골인 셈이다.

이와 더불어 두개골은 인간의 것이었지만, 턱뼈는 오랑우탄의 것이라는 사실도 밝혀졌다. 해부학적 차이를 없애기 위해 턱뼈의 양끝 부분을 일부러 절단했고, 오랑우탄의 턱뼈를 사람의 것으로 확신시키기 위해 날카로운 어금니도 인위적으로 마모시켰다. 또한 뼈가 오래된 화석처럼 보일 수 있도록 화학물질을 사용했다. 그야말로 치밀하게 계획된 사기 사건이 아닐 수 없었다. 클락은 필트다운인 화석이 위조된 것임을 밝히면서 인류학자로서의 명성을 얻었다. 그가 제시했던 사람 속(屬, genus)이 되기 위한 기준들은 인류의 진화 과정을 살펴보는 데 매우 중요했다.

사람 속(屬)엔 여러 종(種)이 있었다

호모 하빌리스는 사람 속이 되기 위한 기준들에 적합했다. 단 한 가지만 빼고 말이다. 바로 뇌 용량이다. 오스트랄로피테쿠스 아파렌시스나 파란트로푸스 보이세이 등과 같은 다른 종들보다 뇌 용량이 증가한 것은 사실이지만, 클락이 제시한 750세제곱센티미터에 미치지 못했기 때문이다. 따라서 많은 인류학자들은 뇌 용량의 기준을 750세제곱센티미터가 아닌 600세제곱센티미터로 변경하자고 제안했다. 이와 같은 절충과 타협을 통해 호모 하빌리스는 가까스로 사람 속에 해당하는 종으로 인정받을 수 있었다. 어떤 면에서는 잘 맞지 않는 기준에 억지로 끼워 맞춰 인류의 조상이 된 것이라 볼 수도 있다.

이후에도 호모 하빌리스를 둘러싼 논쟁은 계속됐다. 하지만

1972년 아프리카 동부에 위치한 케냐 투르카나 호수 근처에서 발견된 화석은 인류 역사 속에서 호모 하빌리스의 위치를 다시 한 번 확인시켜주었다. 화석을 발견했던 리처드는 두개골이 큰 화석이 호모 하빌리스라고 생각했다. 다양한 석기가 함께 발견됐기 때문이다. 이제 호모 하빌리스는 클락이 제시한 사람 속에 해당하기 위한 기준들에 모두 적합한 것처럼 보였다. 그런데 이와 같은 상황은 그리 오래가지 못했다. 발견된 호모 하빌리스의 두개골이 해부학적으로 그 크기가 일정하지 않았기 때문이다. 어떤 두개골은 작았고, 또 다른 두개골은 컸다. 일부 학자들은 크기가 서로 다른 것은 성별의 차이 때문이라고 주장했다.

그러나 영국 인류학자 우드(Bernard Wood)는 그렇게 생각하지 않았다. 그는 리처드를 포함한 다른 인류학자들이 호모 하빌리스라고 불렀던 두개골이 큰 화석이 실제로는 다른 종이라고 주장했다. 우드는 이 종에 '호모 루돌펜시스(*Homo rudolfensis*)'라는 새로운 학명을 붙였다. 만약 그의 주장이 사실이라면, 아프리카 동부에 파란트로푸스 보이세이와 호모 하빌리스, 호모 루돌펜시스가 함께 살고 있었던 것이다. 이 같은 설명은 호모 사람 속에 해당하는 인류가 최소 두 개 이상의 종이었다는 것을 의미한다.

2012년 「네이처」지에는 "2007년부터 2009년까지 케냐에서 발견된 화석들이 호모 루돌펜시스와 동일한 종이었다"는 연구 결과가 실렸다. 우드의 주장이 옳았던 것이다. 지금까지 인류학자들은 호모 하빌리스로부터 호모 에렉투스, 그리고 호모 사피엔스로 진화했다고 설명했다. 하나의 종이 사라지면 다른 종이 나타나 인류의 역사가 계속 이어졌다는 것이다. 하지만 호모 루돌펜시스의 존재는 같은 시기에 같은 지역에서 여러 종이 함께 살고 있었음을 보여준다. 인류의 진화가 결코 단선적이지 않다는 사실을 입증하는 새로운 증거이기도 하다.

03

또 다른 호모 속,
호모 에렉투스와 호모 날레디

그리스에서 가장 오래된 서사시 『일리아스(*Ilias*)』는 전쟁 영웅들의 모험담을 서술하고 있다. 그리스 신화에는 분쟁과 불화를 불러오는 여신 에리스(Eris)가 있다. 다른 신들은 모두 결혼식에 초대받았는데, 그녀만 초대받지 못했다. 신들이 다투게 만들기 위해 에리스는 "가장 아름다운 자를 위하여"라는 글씨가 쓰인 황금사과를 연회장에 던졌다. 여러 여신들 가운데 헤라(Hera)와 아프로디테(Aphrodite), 아테나(Athena)가 자신이 바로 이 황금사과의 주인이라고 주장했다. 헤라는 결혼생활을 수호하는 여신이고, 아프로디테는 미와 사랑의 여신이다. 그리고 아테나는 지혜와 전쟁의 여신이다. 여신들은 최고의 신인 제우스(Zeus)에게 판결을 내려달라고 부탁했다. 제우스의 입장은 매우 난처해질 수밖에 없었다.

그는 이 판결을 트로이의 왕자 파리스(Paris)에게 맡겼다. 파리스는 여러 가지 조건을 내건 여신들 가운데 가장 아름다운 여성을 아내로 맞이하게 해주겠다는 아프로디테의 편을 들었다. 그리고 여신은 약속을 지켰다. 당시 전 세계에서 가장 아름다운 여성이었던 스파르타 왕비 헬레네(Helene)와 파리스가 사랑에 빠지게 한 것이다. 하지만 헬레네는 이미 결혼을 한 여성이었다. 결국 그녀가 파리스를 따라 트로이로 가자 헬레네를 구출하기 위해 그리스와 트로이 사이에 전쟁이 벌어졌는데, 바로 트로이 전쟁이다.

19세기 이후 트로이 전쟁을 둘러싸고 많은 역사학자들은 신화일 뿐 사실이 아니라고 주장했다. 그러나 독일 고고학자 슐리만(Heinrich Schliemann)이 1870년에 트로이 유적을 발견함에 따라 점차 많은 역사학자들은 트로이 전쟁이 실제로 발생했던 역사적 현상이라고 생각했다. 이와 더불어 트로이 전쟁의 원인이 그리스 신화나 『일리아스』에서 설명하는 것처럼 헬레네의 납치 때문에 발생한 것이 아니라 당시 지중해 교역을 둘러싼 그리스와 트로이의 갈등 때문이라고 설명하고 있다.

트로이는 흑해 연안에 위치한 나라였다. 흑해는 유럽 남동 지역과 아시아를 연결하는 바다이다. 어떤 의미에서는 유럽과 아시아의 경계 지역이라고 할 수 있다. 흑해 연안에 위치한 국가를 가운데 조지아는 1990년 구소련이 몰락하면서 러시아로부터 독립한 신생국가이다. 2007년 조지아 드마니시에서 유적이 발견되었다. 아프리카를 제외한 지역들에서 발견된 유적 가운데 가장 오래된 유적 중 하나이다. 이 유적에서 고고학자들은 다섯 개의 유골을 발견했다. 유골의 상태가 거의 완벽했기 때문에 연대를 추정하거나 특징을 분석하는 데 별다른 어려움은 없었다.

아시아와 유럽으로 퍼져나가며 다양한 종으로 진화

연대 추정 결과 이 화석은 약 180만 년 전의 것으로 추정되었다. 뇌 용량은 약 550세제곱센티미터로 루시와 호모 하빌리스의 중간 단계 정도였으며, 치아가 크고 얼굴이 길었다. 지금까지의 연구 결과에 따르면, 인류의 조상은 아프리카에서 나타나 아시아와 유럽으로 이동하면서 다양한 종으로 진화했다. 그리고 이와 같은 이동은 뇌 용량이 커졌기 때문에 가능했다.

그런데 유럽에서 발견된 이 화석은 이와 같은 주장에 잘 맞지 않았다. 원래 아프리카에 살았던 루시나 호모 하빌리스보다 뇌 용량이 커야 하는데 그렇지 않았기 때문이다. 따라서 연구자들은 '드마니시 호미닌스(Dmanisi homins)'라고 불리는 이 화석이 호모 에렉투스의 변종이라고 주장했다.

이와 같은 주장은 지금까지 아프리카에서 나타났던 여러 종이 서로 다른 개별적인 종들이 아니라 하나의 종에서 분화된 변종이라는 사실을 지지한다. 일부 인류학자들은 이들이 호모 에렉투스로부터 분화되었다고 생각한다. 파란트로푸스 보이세이나 호모 하빌리스, 그리고 호모 루돌펜시스 등 다양한 종의 화석들이 아프리카에서 발견되면서 인류학자들은 호모 하빌리스에서 호모 에렉투스가 진화했고, 이후 다시 호모 사피엔스로 진화했다는 단일 가설에 대해 반대해왔다. 그리고 최근 연구 결과는 다시 이와 같은 단일 가설을 지지하고 있다. 고고학적 증거가 더 많이 발견되고, 정확한 과학적 조사와 연구가 수행된다면, 우리는 좀 더 분명하게 우리의 과거에 대해 알 수 있을 것이다.

1602년 네덜란드에서는 회사가 설립되었다. 인도와 중국, 그리고 동남아시아 간의 무역과 외교 등의 문제를 해결하기 위해서였다. 좀 더 구체적으로는 아시아에서 생산되는 향신료 교역을 전담하기 위한 것이었다. 향신료는 음식에 여러 가지 맛을 더

하는 조미료이다. 우리가 잘 알고 있는 후추나 생강, 계피 등이 바로 대표적인 향신료이다. 당시 유럽에서는 아시아에서 생산된 향신료의 인기가 매우 높았다. 따라서 네덜란드에서는 향신료 무역을 담당하는 여러 회사를 하나로 통합해 좀 더 효율적으로 향신료 무역을 관리하고자 했다. 이렇게 설립된 회사가 바로 네덜란드 동인도회사이다. 세계 최초의 주식회사인 셈이다.

동남아시아의 여러 향신료 가운데 특히 후추 생산과 무역을 효과적으로 담당하기 위해 네덜란드 동인도회사는 바타비아에 근거지를 설립했다. 오늘날 인도네시아 자바섬에 위치한 자카르

• **호모 에렉투스의 복원도**
　호모 에렉투스는 인류 진화상에서 호모 하빌리스와 호모 사피엔스의 중간 단계에 위치한 고인류 화석이다. 호모 에렉투스란 '선 사람', 즉 직립원인이라는 뜻이다.

다이다. 후추 무역을 통해 네덜란드는 엄청나게 많은 돈을 벌었고, 한때 유럽에서 가장 강력한 해상국으로 등장했다. 인도네시아는 1945년까지 네덜란드의 지배를 받았다가 1956년에 독립했다. 그야말로 오랫동안 네덜란드의 식민지였던 것이다.

인도네시아의 아픈 역사를 담고 있는 자바섬 중부에는 솔로강이 흐르고 있다. 1891년 네덜란드 인류학자가 강의 상류 지역에 위치한 트리닐에서 인류 화석을 발견했다. 두개골은 영장류와 넙다리뼈는 인류와 비슷했다. 따라서 이 화석은 이족보행을 했던 것으로 추정된다.

아시아 첫 인류 화석 '자바 원인'은 호모 에렉투스

인류학자들은 발견된 화석의 연대를 약 100만~50만 년 전으로 추정했다. 처음에는 '피테칸트로푸스 에렉투스(*Pithecanthropus erectus*)'라는 학명으로 불렀다. 직립하는 원시적인 인류라는 뜻인데, 이후 학자들은 이 화석에 '호모 에렉투스(*Homo erectus*)'라는 새로운 이름을 붙여주었다. 발견된 두개골을 분석한 결과 이 종의 뇌 용량은 약 700~1,300세제곱센티미터 정도였기 때문에 호모라는 속에 포함될 수 있었다. 인도네시아는 인류가 탄생한 요람인 아프리카와 이후 이동했던 유럽 이외에 처음 인류 화석이 발견된 곳이다. 따라서 많은 사람들이 '자바 원인'이라는 별명을 가진 이 호모 에렉투스가 오늘날 아시아나 오세아니아 지역에 살고 있는 사람들의 조상이라고 생각했다. 하지만 미토콘드리아 DNA 분석 결과, 자바 원인과 오늘날 우리가 직접 연결되어 있지 않다는 사실이 밝혀졌다.

2013년 남아프리카공화국 수도 요하네스버그 근처의 동굴에서 인류 화석이 발견됐다. 이 동굴은 '뜨는 별 동굴'이라 불렸다. 여기에서 발견된 화석은 루시와 비슷했다. 뇌 용량은 500세제곱센티미터 내외였고, 손가락이 길고 휘어진 것으로 보아 여전히 나무에서 살았던 것을 알 수 있다. 하지만 이 화석은 인류와 비슷한 점도 많았다. 하체가 우리와 비슷했고, 엄지발가락이 나머지 발가락과 나란히 배열되어 있었다. 이족보행을 했던 것이다. 뿐만 아니라 손가락과 손바닥뼈 역시 인류와 비슷했고, 턱과 이빨이 작았다. 이와 같은 특징들 때문에 인류학자들은 이 화석을 호모 속으로 인정했다. 그리고 발견된 지역의 이름을 따서 이 화석에게 '별의 인간'이라는 뜻을 지닌 '호모 날레디(*Homo naledi*)'라는 학명을 붙였다.

물론 호모 날레디가 인류의 진화와 역사 속에서 의미를 가지기 위해서는 더 많은 사실이 밝혀져야 한다. 우선, 호모 날레디의 언데가 정확하게 추정되지 않았다. 동굴에 오랜 세월에 걸쳐 퇴적물이 쌓여 있었기 때문에 명확한 연대를 측정하는 것이 매우 어려웠기 때문이다. 일부 인류학자들은 호모 날레디가 약 200만 년 전에 살았을 것이라고 생각한다. 이와 관련해 반대 주장도 있다. 이들은 호모 날레디가 발견되었을 당시 상태가 이상할 정도로 매우 깨끗했기 때문에 누군가 의도적으로 동굴 안에 이들을 옮겨놓은 것이라고 주장했다. 이들은 호모 날레디의 뇌 용량이 유인원과 비슷한 정도이기 때문에 이후 등장했던 다른 종들처럼 장례 의식을 치렀던 것은 아니라고 생각한다.

하지만 호모 날레디의 발견은 인류의 진화에서 아프리카 동부뿐만 아니라 남부에서도 인류가 존재했음을 보여주고 있다. 이들이 아프리카 남부까지 이동한 원인에 대해서는 아직 명확하게 밝혀지지 않았다. 아마도 생존에 필요한 식량을 얻기 위해 이동했을 것이다. 원래 살던 곳과는 다른 자연 환경 속에서 이들은 적응하고 진화했지만 결국 살아남지 못하고 멸종했다. 호모 날레디의 연대가 좀 더 정확하게 추정된다면, 당시 아프리카에 호모 에렉투스 이외에도 여러 종이 공존하고 있었다는 기존의 주장과 여러 종은 호모 에렉투스의 변종이라는 최근 주장 가운데 어떤 것이 더욱 설득력 있는지 판단할 수 있게 될 것이다.

04

아프리카를 벗어나, 호모 에렉투스의 이동

호모 에렉투스 이전에 나타났던 인류는 아프리카에서만 살았다. 그런데 호모 에렉투스는 인도네시아 자바뿐만 아니라 다른 지역들에서도 발견되었다. 1907년 독일 남서부에 위치한 하이델베르크 근처의 채석장에서 아래턱뼈가 발견되었다. 채석장은 건축에 필요한 석재를 채굴하는 현장을 말한다. 여기에서 발견된 아래턱뼈는 완벽한 형태로 보존되어 있었다. 연대 측정 결과 약 70만 년 전에 살았던 종으로 추정되는데, 이들은 오늘날 우리보다 훨씬 키가 컸다. 남성은 190센티미터, 여성은 약 180센티미터 정도로 추정된다. 그래서 이들에게는 '호모 하이델베르겐시스(*Homo heidelbergensis*)'라는 학명 이외에도 '골리앗'이라는 별명이 함께 붙었다. 골리앗은 『구약성경』에 등장하는 힘센 장군인데, 키가 약 3미터 정도에 달하는 거인이었다.

이들은 독일뿐만 아니라 프랑스·헝가리·에스파냐·그리스에도 살았다. 과학자들은 호모 하이델베르겐시스가 나른 종보다 훨씬 키가 크고 몸집이 컸던 이유가 지구의 기후 변화 때문이라고 생각한다. 이들이 살았던 시기는 민델 빙기 가운데 간빙기였다. 약 260만 년 전부터 1만 년 전까지 지속되었던 플라이스토세 동안 총 네 차례의 빙하기가 나타났다. 민델 빙기는 이 가운데 두 번째로 오래된 빙하기로 약 75만 년 전에 시작되어 67만 5,000년 전에 끝났다. 지구의 여러 지역이 빙하로 뒤덮였고, 해수면은 지금보다 100미터 정도 낮았다. 인류학자들은 바로 이 시기에 호모 하이델베르겐시스가 나타났다고 생각한다. 체격이 크면 신체의 에너지 축적이 유리하고, 결국 추운 기후에 잘 적응할 수 있기 때문이다.

호모 하이델베르겐시스는 단순히 체격만 컸던 것이 아니다. 이들의 두뇌 용량은 약 1,100~1,400세제곱센티미터로 오늘날 우리와 매우 비슷하다. 뿐만 아니라 호모 에렉투스처럼 석기를 사용했다. 특히 이들이 사용했던 석기 가운데 인류학자들이 관심을 가졌던 것은 바로 창이었다. 호모 에렉투스는 돌의 한 면을 날카롭게 만들어 주먹도끼를 만들었고, 이를 이용해 동물을 사냥했다. 그런데 호모 하이델베르겐시스는 주먹도끼를 만들었던 날카로운 돌에 막대기를 연결했다. 석기를 사용해 찌르는 것뿐만 아니라 던지기도 했던 것이다. 이와 같은 새로운 도구는 멀리 떨어진 동물을 사냥할 때 상당히 유용했을 것이다. 뇌 용량의 증가와 더불어 도구를 제작하는 것과 생활 방식에도 변화가 생겼다는 것을 알 수 있다.

호모 플로레시엔시스는 키가 왜 작을까?

호모 하이델베르겐시스가 아프리카를 벗어나 추위에 적응하며 살았던 종이라면, 또 다른 종은 전혀 다른 환경에 적응했다. 인도네시아는 1만 4,000개 이상의 섬들로 구성된 나라이다. 중부에 위치한 플로레스섬에서 2003년에 유골이 발견되었다. 이 유골의 특징은 약 1미터 정도로 키가 매우 작았다는 것이다.

1937년 영국 옥스퍼드대 톨킨(J. R. R. Tolkien)은 판타지 소설을 한 권 출판했다. 이 소설에는 톨킨이 만들어낸 호빗이 등장한다. 이들은 키가 매우 작고 발이 큰 종족인데, 마법사의 요청으로 주인공 빌보(Bilbo Baggins)가 난쟁이 부대와 함께하는 모험을 서술하고 있다. 이후 그는 『반지 원정대(*The Fellowship of the Ring*)』『두 개의 탑(*The Two Towers*)』『왕의 귀환(*The Return of the King*)』을 출판했고, 2001년에 이 시리즈는 영화로 제작되었다. 바로 〈반지의 제왕(The Lord of the Rings)〉이다.

2003년 플로레스섬에서 키가 작은 유골이 발견되자 인류학자들은 이 유골에 '호빗'이라는 별명을 붙였다. 공식적인 학명은 '호모 플로레시엔시스(*Homo floresiensis*)'이다. 소설이나 영화에 등장하는 호빗은 마치 우리가 살고 있는 세계에 존재하지 않는 종처럼 보인다. 하지만 호모 플로레시엔시스는 실제로 약 9만 5,000~1만 8,000년 전에 존재했다. 우리의 직접적인 조상인 호모 사피엔스가 약 10만~5만 년 전에 아프리카를 벗어나 유럽이나 아시아로 이동했던 것을 생각해본다면, 사실 이 두 종은 같은 시기에 살았던 것을 알 수 있다. 일부 학자들은 호모 플로레시엔시스의 키가 이처럼 작은 것은 환경 변화에 적응하기 위해서였다고 주장한다. 호모 하이델베르겐시스가 추위에 적응하기 위해 체격이 컸다면, 이들은 식량이 많지 않았던 곳에서 생존하기 위해 어쩔 수 없이 체격이 작아졌다는 것이다.

작은 키와 체격 이외에도 호모 플로레시엔시스를 둘러싼 궁금증은 매우 많았다. 무엇보다도 이들의 뇌 용량은 400세제곱센티미터가 채 되지 않는다. 350만 년 전에 등장했던 루시보다 더 작다. 이와 같은 조사 결과를 둘러싸고 학자들 사이에서는 인류의 진화와 역사 속에서 이들이 차지하는 위치에 대한 논쟁이 발생했다. 최초로 출현했던 호모 하빌리스에서 '호모'라는 이름을 붙이기 위해 무엇보다도 중요했던 기준이 바로 뇌 용량이었던 것을 생각한다면, 많은 사람들은 과연 호모 플로레시엔시스를 호모의 또 다른 종으로 볼 수 있는지 궁금해한다.

하지만 호모 하빌리스가 등장하기 이전에 나타났던 뇌 용량이 작은 오스트랄로피테쿠스 아파렌시스나 파란트로푸스 보이세이는 이미 수백만 년 전에 멸종했기 때문에 호모 플로레시엔시스를 이들과 같은 종으로 생각하는 것도 무리이다. 최근 많은 학자들은 호모 플로레시인시스가 자바섬에 살고 있던 호모 에렉투스로부터 분화되어 이동한 것으로 생각하고 있다.

호모 에렉투스는 유럽과 인도네시아 이외에 중국에서도 발견되었다. 중국에는 석회암 지층이 많기 때문에 화석이 많이 발견된다. 석회암은 크기가 작은 알갱이로 이루어진 퇴적암이기 때문에 동물이나 식물, 또는 인간이 땅에 묻혀서 압력을 받아도 원래의 상태를 유지할 수 있다. 1923년 중국 베이징 근처에 위치한 저우커우뎬의 남쪽 산에서는 발굴 작업이 한창이었다. 옛날부터 수많은 뼈들이 발견되었기 때문에 사람들은 이 산을 '용골산'이라고 불렀다. 어떤 사람들이 이 뼈를 만병통치약으로 생각해서 비싼 가격에 팔기도 했다. 미국 록펠러 재단의 도움을 받아 스웨덴 지질학자가 발굴을 시작했는데, 인류 화석을 발견한 사람은 중국 학자였다. 인도네시아에서 발견되었던 누개골보나 훨씬 완벽한 형태였다. 당시 해부학자들은 이 두개골이 약 50만 년 전의 것으로 추정했다. 아쉽게도 두개골은 제2차 세계대전이 발발하면서 사라졌기 때문에 더 이상의 연구는 불가능했다.

'인류의 기원' 아프리카가 아니라 아시아일 수도

하지만 학자들은 이들의 넙다리뼈를 조사한 결과 직립보행을 했고, 키가 약 1미터 50센티미터 정도였다는 사실을 밝혀냈다. 뿐만 아니라 평균 두뇌 용량은 1,080세제곱센티미터 정도였다. 따라서 이들에게 '시난트로푸스 페키넨시스(*Sinanthropus pekenensis*)'라는 학명을 붙이고, 발견된 지역의 이름을 따서 '베이징 원인'이라는 별명으로 불렀다. 베이징 원인의 발견은 아시아에서 나타났던 인류의 조상이 과연 누구의 후손인가를 둘러싼 학자들 간의 논쟁을 불러일으켰다. 많은 유럽 학자들은 최근까지 호모 네안데르탈렌시스나 호모 사피엔스 등이 유럽에서 살았던 호모 하이델베르겐시스로부터 분화되었다고 주장했다.

하지만 최근 중국에서 90만 년 전의 것으로 추정되는 화석이 발견되면서 많은 사람들이 새로운 가설을 제기하고 있다. 이들은 호모 하이델베르겐시스로부터 분화되고 이동해서 베이징 원인으로 진화한 것이 아니라, 오히려 베이징 원인으로부터 분화한 종이 유럽으로 이동해 새로운 환경에 적응하면서 호모 하이델베르겐시스가 되었다고 생각한다.

일부 사람들은 호모 에렉투스가 아프리카에서 출현한 것이 아니라고 주장하기도 했다. 이들은 그 예로 드마니시 호미닌스를 들고 있다. 체격도 작고 두뇌 용량도 작은 이 화석이 호모 에렉투스의 변종이 아니라 루시와 비슷한 종이라는 것이다. 이와 같은 주장에 따르면 아프리카를 벗어나 다른 지역으로 이동한 것은 호모 에렉투스가 아니라 오스트랄로피테쿠스 아파렌시스라고 할 수 있다.

이와 같은 근거들을 가지고 인류학자들은 어쩌면 인류의 조상이 아프리카가 아니라 아시아에서 처음 출현했을지도 모른다는 생각을 한다. 아시아에서 탄생한 호모 에렉투스가 아시아의 다른 지역들로 이동하면서 자바 원인과 베이징 원인이 되었고, 아프리카로 이동해 호모 사피엔스가 되었고, 유럽으로 이동한 이들은 호모 네안데르탈렌시스가 되었고, 호모 사피엔스는 다시 아프리카로부터 여러 지역으로 이동했다는 것이다. 물론 더 많은 고고학적 증거와 과학적 분석이 필요하다. 하지만 이와 같은 주장은 아시아가 인류의 진화와 역사에서 중요한 지역이었음을 함께 보여주고 있다.

베이징 원인의 화석이 발견되었을 때 두개골 이외에도 동물의 뼈와 석기도 함께 발견되었다. 따라서 이와 같은 유물들을 통해 고고학자들은 이들이 동물을 사냥하면서 살았다고 생각한다. 고고학자들은 특히 베이징 원인이 사용했던 석기에 관심을 가졌다. 주로 찍개라는 석기를 많이 사용했는데, 이는 한쪽 방향에서만 돌을 내리쳐 날카롭게 만든 것이다. 이것으로 나무를 자르거나 사냥을 할 때 사용했던 것으로 보인다.

이와 같은 석기에 대해 학자들은 지역적 차이가 존재한다고 생각했다. 아프리카나 유럽에서는 주로 주먹도끼를 많이 사용한 반면, 중국을 비롯한 아시아에서는 찍개를 많이 사용한다고 믿었던 것이다. 이를 근거로 일부 인류학자들은 아시아에서 석기를 만드는 기술이 유럽보다 뒤떨어졌다고 주장하기도 했다. 하지만 우리나라에서 전곡리 유적이 발견됨에 따라 이와 같은 주장은 더 이상 설득력을 가지지 못한다.

05

최초의 불 사용과 요리

베이징 원인이 발견된 저우커우뎬에는 동굴이 하나 있다. 비둘기가 많이 모여 '합자당(鴿子堂)'이라는 이름으로 부른다. 이 동굴에서 베이징 원인의 생활을 엿볼 수 있는 유물이 발견되었다. 이가운데 학자들의 관심을 끌었던 것은 바로 불에 탄 재와 동물뼈였다. 당시 동굴에서 발견된 재를 과학적으로 분석한 결과, 목탄이라는 것이 증명되었다. 목탄이란 목재가 타면서 얻은 탄소를 주성분으로 하는 물질이다. 결국 목탄의 발견은 이들이 불을 사용해 목재를 태웠음을 보여주는 것이다. 인류학자들은 이와 같은 증거들을 통해 베이징 원인이 불을 사용했다고 생각했다.

● **합자당 동굴**

중국 저우커우뎬 동굴은 비둘기가 많이 모여 합자당이라 부른다. 이 합자당 동굴에서 베이징 원인이 불을 사용한 흔적이 발견되었다.

　불은 가연성 물질이 산소와 결합해서 빛과 열을 내는 화학반 응이다. 아마도 처음에는 화산 폭발이나 산불처럼 자연적으로 발생하는 불을 가져와서 사용했을 것이다. 오랫동안 사람들은 불씨를 보존해 불을 보호했다. 그러다가 점차 불을 일으키는 방 법을 알게 되었다. 이후 불은 베이징 원인들의 삶의 일부가 되었 다. 이들은 불을 사용해 어두운 밤을 밝게 만들었다. 이와 더불 어 몸을 따뜻하게 해줄 난방용으로 사용하기도 했다. 뿐만 아니 라 몸집이 크고 사나운 야생 동물들이 인간을 위협할 때 자신들을 방어하는 무기로 사용하기도 했다. 불을 사용하면서 인류 생활에 새로운 변화들이 나타난 것이다.

불을 사용했던 흔적이 비단 중국에서만 발견된 것은 아니다. 이스라엘 북부에 위치한 훌라계곡에서 발견된 70만 년 전의 퇴적층에서 당시 사람들이 먹었던 것으로 추정되는 식물들의 화석이 발견되었다. 또한 불을 사용한 흔적이 남아 있었는데, 고고학자들은 불을 사용함으로써 당시 사람들이 먹을 수 있는 식물 종들이 증가한 것이라고 설명한다. 최근 남아프리카공화국 본더벌크 동굴에서도 식물 재와 불에 탄 동물뼈가 발견되었는데, 연대 측정 결과 약 100만 년 전의 것으로 추정된다. 이와 같은 증거들을 통해 베이징 원인 이전에도 이미 인류의 조상이 불을 사용했던 사실을 확인할 수 있다.

음식을 익혀 먹으니 뇌 용량 늘어나

많은 사람들은 불의 사용이 인류의 뇌 용량 증가와 직접적인 관련성을 가지고 있다고 생각한다. 호모 하빌리스가 처음 출현했을 때 그들의 뇌 용량은 약 600세제곱센티미터 정도였다. 반면 호모 에렉투스의 뇌 용량은 1,300세제곱센티미터 정도로 약 두 배 이상 증가했다. 과학자들은 이와 같이 뇌 용량이 증가하게 된 중요한 원인이 바로 불을 사용해 음식을 익혀 먹은 것이라고 주장한다. 공통조상으로부터 분화하면서 인류는 유인원에 비해 턱과 이빨이 작아졌다. 다른 유인원들과 비교했을 때 인류가 날고기를 씹는 것이 더 힘들었다는 것이다. 하지만 불을 사용하기 시작하면서 인류의 식생활에는 큰 변화가 발생했다. 바로 음식을 익혀 먹기 시작한 것이다.

이와 같이 음식을 불에 익혀 먹는 것을 화식(火食)이라고 부른다. 어떤 과학자들은 화식이야말로 인간과 다른 영장류들을 구분하는 중요한 특징이라고 생각한다. 지금까지 많은 사람들은 이족보행이나 도구를 만드는 것이 인간의 특징이라고 주장했지만, 실제로 영장류 가운데 일부 종들은 루시처럼 이족보행을 하기도 하고 간단한 도구를 만들어 사용하기도 한다. 하지만 인간처럼 불에 음식을 익혀 먹는 유인원은 없다. 따라서 일부 인류학자들은 화식이야말로 인간을 인간답게 만드는 가장 중요한 특징이라고 생각한다. 화식을 통해 인간은 육식을 더욱 많이 하게 되었고, 뇌 용량 역시 점차 증가했기 때문이다.

물론 불을 사용한 호모 에렉투스가 육식을 했던 최초의 인류는 아니다. 이미 200만 년 전에 살았던 파란트로푸스 보이세이는 육식을 통해 생존에 필요한 에너지를 얻었다. 하지만 아프리카에서 사냥감을 구하기는 그리 쉽지 않았다. 초기에 이들은 다른 동물들이 사냥하고 남긴 고기를 먹었다. 이후 돌로 간단한 도구를 만들어 다른 동물들이 먹지 않는 골수와 뇌를 먹기 시작했다. 석기는 바로 뼈를 깨기 위해 만들어졌던 것으로 추정된다. 따라서 일부 학자들은 석기를 사용해 고기를 얇게 저미거나 두들겨 섭취하기 시작했고, 결과적으로 턱과 이빨이 작아지면서 언어가 발달하기 시작했다고 주장한다. 인류의 뇌 용량 증가가 바로 석기를 사용했기 때문이라는 것이다.

농경사회 시작되며 인구 크게 늘어나

하지만 여전히 많은 학자들은 화식이야말로 인류의 뇌 용량 증가에 중요한 요소라고 생각한다. 불로 요리를 하면 소화가 훨씬 쉽고, 결국 에너지 섭취율 또한 증가하기 때문이다. 결국 화식은 인간이 육식을 더 많이 할 수 있는 계기를 제공했다. 그리고 이는 이후 인간의 생활에 많은 영향을 미쳤다. 무엇보다도 육식을 하면서 수유 기간과 출산 터울이 짧아지기 시작했다.

오랫동안 인류는 스스로 인구를 조절해왔다. 주변 환경으로부터 생존에 필요한 에너지를 얻었기에 인구가 갑자기 증가하면 식량을 얻기 어려웠다. 따라서 인류는 가급적 오랫동안 수유를

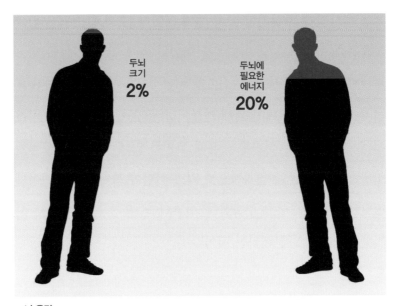

- **뇌 용량**

  인간의 뇌는 전체 무게의 아주 작은 부분을 차지하지만, 뇌의 에너지 사용량은 상당하다. 뇌의 에너지 사용량 증가는 화식과 밀접한 관련성이 있다.

하면서 자연적으로 피임을 해왔다. 이와 더불어 출산하는 자녀의 수도 그리 많지 않았다.

그러나 화식을 통해 이전보다 에너지 섭취율이 증가함에 따라 점차 수유 기간이 줄어들고 출산하는 자녀의 수도 조금씩 많아졌다. 이후 마지막 빙하기가 끝나고 지구가 따뜻해지면서 더욱 효과적으로 생존에 필요한 식량을 얻기 위해 인류는 새로운 생활 방식을 추구했다. 바로 농경이다.

제2장 호모 하빌리스와 호모 에렉투스

농경 사회가 시작되면서 사람들은 필요한 노동력을 충족하기 위해 더 많은 자녀들을 낳기 시작했고, 이후 공동체의 인구는 급속하게 증가했다. 결과적으로 도시와 국가가 탄생했다. 이와 같은 현상은 유인원의 사회에서는 결코 찾아볼 수 없는 것이다. 이러한 점에서 본다면 화식은 인류 공동체의 인구가 증가하는 데 중요한 계기를 제공했던 것으로 볼 수 있다.

화식 이후 인간의 뇌는 더욱 커지기 시작했다. 뇌의 무게는 신체의 약 2퍼센트에 해당하지만, 뇌에서 사용하는 에너지는 전체 에너지의 약 20퍼센트 이상이다. 다른 영장류들의 경우, 뇌에서 사용하는 에너지가 전체 에너지의 약 10퍼센트라는 사실과 비교해본다면 두 배 이상 많은 에너지를 사용하고 있는 셈이다. 인류는 화식을 통해 에너지를 섭취하는 시간을 단축시켰고, 뇌는 다른 기관들보다 이렇게 축적된 에너지를 더 많이 사용하기 시작했다.

육식과 도구 사용, 화식, 그리고 뇌 용량의 증가는 서로 연결고리를 가지고 있다. 이와 같은 연결고리 속에서 인류는 진화하기 시작했다. 인간만이 가지고 있는 특징을 통해 이제 유인원과 전혀 다른 생활 방식들이 나타나고 발전하기 시작했다.

루이스 리키와 리키 가문,
'고고학계의 마피아' 3대에 걸쳐 중요한 발굴

루이스 리키는 영국 인류학자이다. 케냐에서 선교사의 아들로 태어나 아프리카 인류에 대해 연구하다가 1930년대에는 탄자니아에 위치한 올두바이 협곡에서 발굴 조사를 시행했다. 이 발굴에서 루이스는 175만 년 전의 것으로 추정되는 화석을 발견해 파란트로푸스 보이세이라는 학명을 붙였다. 1960년대에 그는 도구를 사용했던 호모 하빌리스의 화석을 발견했는데, 당시 인류의 조상으로 알려진 호모 에렉투스보다 70만 년 전에 이들이 살고 있었다는 사실을 밝혀냈다.

사실 리키 가문은 고고학 분야에서 매우 유명하다. 흔히 '고고학계의 마피아'로 불리며, 어떤 기자는 이들 가문을 '리키와 호미니드 갱단'이라고 부르기도 했다. 루이스 리키뿐만 아니라 그의 아내인 메리(Mary Leakey)와 아들 리처드(Richard Leakey), 며느리 미브(Meave Leakey), 그리고 손녀 루이스(Louise Leakey)까지 3대에 걸친 고고학자이기 때문이다. 리처드는 네 살 때 처음 화석을 발굴한 이후 아프리카 동부 지역에서 수많은 인류 화석을 발견했다. 무엇보다도 호모 에렉투스의 화석을 발견하면서 이들이 인류 최초로 불을 사용했던 종이라는 사실도 밝혔다. 인류의 진화 속에서 뇌 용량이 커지고 새로운 식습관을 가지게 된 과정을 밝혀낸 것이다.

몇 년 전「네이처」지에는 호모 루돌펜시스의 화석이 발견되었다는 논문이 실렸다. 이 논문을 실은 사람은 바로 미브와 루이스였다. 호모 루돌펜시스는 약 200만 년 전에 살았던 것으로 추정되는 종으로 원래 리처드가 발견한 것이다. 그는 이 종이 호모 하빌리스와는 구별되는 새로운 종이라고 주장했지만, 당시 학계에서는 이와 같은 주장을 인정하지 않았다. 하지만 미브와 루이스는 리처드가 발견한 화석이 호모 하빌리스와는 구별되는 독립적인 종이라는 사실을 밝혀냈다. 아내와 딸에 의해 업적이 재평가된 것이라 할 수 있다.

화식은 인류 진화에 어떤 영향을 미쳤을까?

미국 인류학자 랭엄(Richard Wrangham)은 불을 이용해 음식을 익혀 먹으면서 인류가 진화했다고 주장한다. 사실 화식은 오랫동안 인류학자들 사이에서 많은 관심 대상이었다. 왜 오스트랄로피테 쿠스 아파렌시스는 다른 영장류와 달리 직립보행을 할 수 있었 을까? 왜 호모 에렉투스나 호모 사피엔스는 다른 영장류나 초기 인류보다 뇌 용량이 증가했고, 새로운 기술을 발달시킬 수 있었 을까? 이와 같은 질문에 대해 많은 인류학자들은 육식이 직립보 행과 뇌 용량 증가, 도구 제작과 기술 발달의 중요한 원인이라고 생각해왔다.

생명체가 진화하는 과정 속에서 나타난 일반적인 현상 가운데 한 가지는 '트레이드 오프(trade off)'이다. 무엇인가를 얻기 위해서 는 다른 것을 희생해야 한다는 것이다.

예를 들어, 인간은 침팬지나 오랑우탄처럼 나무를 잘 타지 못하지만 직립보행이 가능하다. 이와 같은 관점에서 살펴본다면, 화식 역시 마찬가지이다. 호모 에렉투스가 불을 사용하기 전까지 인류는 다른 영장류와 마찬가지로 고기를 익혀 먹지 않았다. 하지만 불을 사용하고 통제하기 시작하면서 인류는 화식을 시작했고, 이는 육식의 소화 효율성을 현저하게 증가시켰다. 쉽게 소화하고, 이로 인한 에너지 전달률이 증가함에 따라 뇌 용량이 커지게 되었다는 것이다. 그러나 이로 인해 인류의 소화 기관은 다른 영장류에 비해 상대적으로 작아졌다.

　과학자들에 따르면 음식이 부드러울수록 소화가 빨리 된다. 뿐만 아니라 음식을 빠르고 쉽게 소화시킬수록 신체와 여러 기관을 작동시키는 데 필요한 에너지가 줄어들기 때문에 에너지를 절약할 수 있다. 음식을 많이 먹었을 때보다 적게 먹었을 때 몸이 가볍게 느껴지는 경험과 유사하다. 소화율이 증가하면서 육체적 활동 역시 쉬워졌다. 이러한 점에서 화식은 매우 중요하다. 불을 이용해 고기를 익히면 부드러워지고, 인간이 섭취한 고기는 위 속에 머무는 시간이 짧아져 소화에 필요한 시간과 에너지가 감소한다.

　결국 호모 에렉투스는 이렇게 절약한 에너지를 뇌에서 사용하

• **호모 에렉투스의 불 사용**
불의 사용과 더불어 호모 에렉투스는 많은 일을 할 수 있었다. 가장 대표적인 것이 음식을 익혀 먹는 일이
었는데, 화식 덕분에 호모 에렉투스는 더욱 효율적으로 에너지를 섭취할 수 있었다.

기 시작했다. 그리고 이와 같은 생활 습관은 이후 등장한 여러 종

들 사이에서도 계속 이어졌다.

랭엄에 따르면 만약 인간이 불을 사용하지 않았더라면 다른

영장류와 마찬가지로 열두 시간 가운데 다섯 시간 이상을 음식

을 씹는 데 소비해야만 했다. 결국 화식은 에너지를 섭취하고 사

용하는 데 필요한 시간을 단축시켰고, 이로 인해 뇌가 상대적으

로 더 많은 에너지를 사용할 수 있도록 했던 것이다. 인간의 뇌가

신체에서 차지하는 무게는 약 2퍼센트 내외이지만, 뇌가 사용하는 에너지는 전체 에너지의 약 20퍼센트 이상이다. 그야말로 엄청난 고비용 기관이 아닐 수 없다.

하지만 이와 같은 뇌의 발달 덕분에 인간은 다른 영장류와 달리 직립보행과 언어 사용, 그리고 도구 제작과 기술 발달을 수행할 수 있게 되었다.

이러한 점에서 살펴본다면, 화식은 인간 진화에 매우 결정적인 요소였음이 분명하다.

●

최초의 인류가 등장한 이후 많은 종이 출현했다가 사라졌다. 우리의 조상과 동일한 시기에 살고 있었던 종은 바로 호모 네안데르탈렌시스이다. 약 35만 년 전쯤 유럽에서 등장해 3만~2만 년 전에 멸종했다. 호모 사피엔스는 살아남았던 반면 왜 호모 네안데르탈렌시스는 멸종했을까? 두 종의 운명을 결정했던 중요한 요소는 무엇일까? 호모 네안데르탈렌시스와 호모 사피엔스는 어떤 공통점과 차이점을 가지고 있을까? 이들의 관계는 어땠을까? 이 장에서는 또 다른 우리인 호모 네안데르탈렌시스에 대해 좀 더 자세히 알아보도록 하자.

●

제3장

또 다른 우리,
호모 네안데르탈렌시스

01

마지막 빙하기와 환경 변화

1856년 독일 뒤셀도르프 근처의 네안데르계곡에서 화석이 발견되었다. 처음에는 곰의 화석이라고 생각했지만 이후 현생 인류의 조상인 호모 사피엔스와 상당히 비슷하다는 사실이 밝혀졌다. 발견된 지역의 이름을 따서 '호모 네안데르탈렌시스(*Homo neanderthalensis*)'라는 학명이 붙여진 이 종은 현생 인류와 비교했을 때 키와 뇌 용량이 더 컸다. 성인 남성은 약 165센티미터, 성인 여성은 160센티미터 정도로 추정된다. 우리나라는 지난 100년간 세계 여성들 가운데 키가 가장 빠르게 성장한 국가인데, 오늘날 우리나라 성인 여성의 신장이 약 162센티미터 정도이

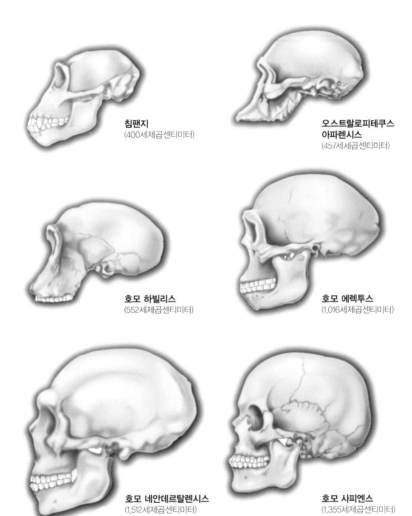

침팬지
(400세제곱센티미터)

오스트랄로피테쿠스
아파렌시스
(457세제곱센티미터)

호모 하빌리스
(552세제곱센티미터)

호모 에렉투스
(1,016세제곱센티미터)

호모 네안데르탈렌시스
(1,512세제곱센티미터)

호모 사피엔스
(1,355세제곱센티미터)

- 호모 네안데르탈렌시스의 뇌 용량

호모 네안데르탈렌시스와 다른 종들의 뇌 용량 크기를 비교한 것이다. 호모 네안데르탈렌시스의 뇌 용량
은 인류 진화 역사 속에서 발견된 종들 가운데 가장 크지만 멸종되었다.

다. 물론 우리나라 여성의 평균 신장이 전 세계적으로 가장 크다는 의미는 아니다. 호모 네안데르탈렌시스가 처음 지구에 등장한 것은 약 35만 년 전으로 추정된다. 35만 년 전에 살았던 인류의 또 다른 조상이 오늘날 우리의 키와 비슷한 것이다.

뿐만 아니라 호모 네안데르탈렌시스의 뇌 용량은 지금까지 인류의 진화와 역사 속에서 발견되었던 종들 가운데 가장 크다. 오늘날 현대 남성의 뇌 용량이 약 1,450세제곱센티미터인 데 반해, 호모 네안데르탈렌시스의 뇌 용량은 약 1,500세제곱센티미터이다. 이와 같은 내용은 지금까지 인류가 진화함에 따라 뇌 용량이 증가한다는 가설을 주장해왔던 사람들에게 놀랄 만한 결과였다. 이미 멸종한 호모 네안데르탈렌시스가 우리보다 신체 조건도 우월하고 뇌 용량도 크다는 사실이 밝혀지면서 학자들은 갈등에 빠졌다. 호모 네안데르탈렌시스가 우리보다 더 똑똑하고 우월했다고 설명해야 하는 것일까? 아니면 인류 역사 속에서 예외적으로 이들의 신체 조건과 뇌 용량이 클 수밖에 없었던 조건들을 설명해야 하는 것일까?

많은 인류학자들과 고고학자들은 호모 네안데르탈렌시스의 우월한 체격과 뇌 용량을 설명해줄 수 있는 과학적인 증거들을 찾기 시작했다. 그리고 이들이 관심을 가진 것은 바로 당시 지구의 기후와 환경 변화였다. 지금까지 아프리카에서 출현했던 종들과 달리 호모 네안데르탈렌시스는 북유럽 지역에 살고 있던 호모 하이델베르겐시스로부터 분화된 것으로 추정된다. 이들은 다른 종들에 비해 비교적 추운 북쪽 지역에 살고 있었다. 따라서 열 손실을 줄이고 체온을 유지하기 위해 체격이 다른 종들보다 커졌다. 체격이 클수록 열 효율성이 좋아지기 때문이다.

네안데르탈렌시스의 큰 체격은 추위 적응 때문

추운 지역에 산다는 것은 이들의 모습에서도 잘 드러난다. 지금까지 아프리카에서 출현했던 여러 종은 따뜻한 기후에서 살았다. 햇빛의 양도 충분했을 것이다. 결과적으로 이들에게는 멜라닌 색소가 풍부했다. 멜라닌 색소는 자외선으로부터 피부를 보호해주는 일종의 보호막이다. 우리의 피부색을 결정하는 것이 바로 멜라닌 색소이다.

하지만 추운 지역에 살고 있던 호모 네안데르탈렌시스는 아프리카에 살았던 종들과 비교했을 때 햇볕을 충분히 쬐기 어려웠다. 결국 이들에게는 상대적으로 멜라닌 색소가 부족했고, 이는 호모 네안데르탈렌시스의 피부색과 머리카락색을 결정했다. 오늘날 인류학자들은 이들이 흰 피부와 금발을 가지고 있다고 추정하고 있다. 바로 추위 때문이다.

지금으로부터 약 11만 년 전에 마지막 빙하기가 시작됐다. 이 추위는 약 1만 년 전까지 계속됐는데, 원래 다른 종들에 비해 추운 지역에 살고 있던 호모 네안데르탈렌시스는 이와 같은 추위를 비교적 잘 견뎠다. 하지만 추위가 극심해지면서 이들에게도 심각한 위기가 발생했다. 무엇보다도 에너지원으로 활용할 수 있는 식량을 구하는 것이 매우 어려워졌다. 호모 네안데르탈렌시스는 코뿔소나 매머드처럼 거대한 동물뿐만 아니라 양이나 염소처럼 작은 동물도 사냥했다. 이와 같은 동물을 통해 섭취하는 단백질은 이들에게 매우 중요한 에너지원이었을 것이다.

그러나 점차 식량을 구하기 힘들어지자 이들은 새로운 식량 공급원을 찾아야만 했다. 독일 연구자들은 알프스 북쪽 지역에서 발견된 호모 네안데르탈렌시스의 뼈와 뼛조각을 정밀하게 관찰했다. 이들은 약 4만 5,000~4만 년 전에 살았던 호모 네안데르탈렌시스로 밝혀졌다.

그 결과, 과학자들은 놀라운 사실을 발견했다. 뼈와 뼛조각에서 날카롭게 잘린 흔적이 발견되었는데, 그 흔적이 말이나 순록 등 동물을 죽이는 과정에서 나타났던 것과 매우 유사했기 때문이다. 이는 호모 네안데르탈렌시스가 사람을 먹는 관습을 가지고 있었다는 사실을 명확하게 보여준다.

추위를 이기기 위해 호모 네안데르탈렌시스가 활용했던 것은 바로 동물 가죽이었다. 이들은 석기뿐만 아니라 골각기라는 도구도 사용했다. 골각기는 동물의 뼈나 뿔을 가공해서 만든 도구로 돌에 비해 가공하기 쉽고, 날카로운 면을 민들 수 있기 때문에 찌르개를 만드는 데 주로 사용되었다. 호모 네안데르탈렌시스는 바로 이와 같은 골각기를 사용해 동물의 가죽을 벗기고, 이를 몸에 걸쳤다.

하지만 이와 같은 방식에는 한계가 있었다. 호모 네안데르탈렌시스보다 약 10만 년 정도 후에 나타나 이들과 비슷한 시기에 함께 살았던 호모 사피엔스는 새로운 도구를 제작해 이들보다 효과적으로 빙하기의 추위에 대처했다. 그리고 결국 지구에 살아남은 유일한 종이 되었다.

02

새로운 도구 제작과 거주지

유럽 학자들은 구석기 시대를 크게 전기 구석기 시대, 중기 구석기 시대, 후기 구석기 시대로 구분한다. 약 250만 년 전에 등장한 호모 하빌리스가 간단한 도구를 만들어서 사용했던 시기가 전기 구석기 시대라면, 중기 구석기 시대는 약 10만~4만 년 전까지의 시기를 뜻한다. 호모 네안데르탈렌시스는 바로 중기 구석기 시대에 살았던 종이다. 이들이 주로 살았던 유럽에서는 이 시기의 문화를 '무스테리안 문화'라고 부른다. 프랑스 남부에 위치한 도르도뉴에는 무스티에라는 동굴이 있다. 이 동굴에서는 다른 지역과 구별되는 석기가 발견되었다. 돌을 부딪쳐 날카로운 면을

- **르발루아 기법으로 만들어진 석기**
  호모 네안데르탈렌시스가 사용한 르발루아 기법을 사용해 만든 석기이다. 이는 떨어진 파편을 재가공해
  더 발전된 도구를 만드는 방식이다.

지닌 석기를 만든 다음 떨어진 파편으로 다시 도구를 만든 것이
다. 일종의 재활용이라고 할 수 있다.

호모 네안데르탈렌시스는 떨어진 파편을 다시 가공해 더욱 발
전된 도구를 만들었는데, 고고학자들은 이와 같은 기법을 '르발
루아 기법'이라고 부른다. 석기를 만들기 위한 돌을 '몸돌'이라
고 부르고, 몸돌에 타격을 가해 떨어진 파편 가운데 길쭉한 모양
을 지닌 것을 '돌날'이라고 부른다. 반대로 길이가 짧고 폭이 넓
은 것은 '격지'라고 부른다. 파리 근교의 르발루아 지역에서는 격
지를 활용해 석기를 제작하는 기술이 발달했기 때문에 이를 바

로 르발루아 기법이라고 한다. 무엇보다도 한 번이 아닌 여러 번의 제작 과정을 거쳐 도구를 만든다는 점에서 이 기법은 호모 네안데르탈렌시스의 도구 제작 기술이 이전의 다른 종과 비교했을 때 훨씬 발전했음을 보여주고 있다. 이와 더불어 무스테리안 문화가 발달했던 지역에서는 긁개과 주먹도끼, 손잡이칼 등 파편을 이용해 제작한 석기가 함께 발견되었다.

다양한 석기 만들면서 사냥기술 더욱 발전

호모 네안데르탈렌시스는 이와 같은 석기들을 주로 사냥에 사용했다. 이들은 대형 동물을 사냥하기 위해 바위 그늘이나 야외에서 며칠씩 지내면서 이렇게 만든 석기를 사용했다. 영국이나 독일에서는 르발루아 기법으로 만들어진 석기들이 매머드와 같은 동물의 뼈와 함께 발견되기도 했다. 체격 조건이 좋았던 호모 네안데르탈렌시스는 손에 쥔 석기만으로도 매머드나 사슴, 들소를 비롯한 대형 동물들을 사냥할 수 있었다.

따라서 이들은 석기를 멀리 던져서 동물을 사냥하기보다는 가까이 접근해 엄청난 힘으로 동물을 찔러서 사냥했다. 시간이 흐르면서 이들의 사냥 기술은 더욱 발전했다. 프랑스에서는 호모 네안데르탈렌시스가 야생 염소를 사냥하기 위해 절벽 끝으로 몰왔던 흔적이 발견되기도 했다. 석기로 찌르는 방법보다 효율적인 사냥법인 셈이다.

그렇다고 호모 네안데르탈렌시스가 사냥을 통해 육식만 했던 것은 아니다. 분명 육식과 화식이 인류의 뇌 용량이 증가하고 진화하는 데 중요한 역할을 담당했지만, 이들은 다양한 동식물을 식량으로 섭취했다. 물고기나 조개를 잡아먹었던 흔적이 발견됐고, 새를 잡아먹은 흔적도 남아 있다. 뿐만 아니라 격지를 활용해 만든 석기들로 야생에서 자라는 식물을 자르거나 갈아 먹은 흔적도 발견된다. 이들 역시 불을 사용했다. 사냥으로 얻은 고기는 불에 익혀 먹는 것 이외에도 말려서 저장해두었다가 먹기도 했다. 이러한 점에서 본다면 석기의 발전과 불의 사용은 호모 네안데르탈렌시스의 생활 방식에도 상당한 영향을 미쳤다.

동굴을 여러 층으로 나눠 용도에 따라 사용

우리는 루시를 비롯해 유인원에서 분화된 일부 종들이 나무 위에서 거주했다는 사실을 알고 있다. 하지만 점차 인류로 진화하면서 호모 에렉투스의 일부 종들은 동굴에서 거주하기 시작했다. 호모 네안데르탈렌시스 역시 주로 동굴에서 거주했다. 지금까지 많은 학자들은 이들이 공간을 구분하지 않고 살았다고 생각했다. 예를 들면, 오늘날 우리처럼 주방이나 침실·서재·거실 등의 구분 없이 동굴 그 자체를 여러 기능을 담당하는 하나의 공간으로 사용했다는 것이다.

하지만 이탈리아 북부 리파로 봄브리니 유적에 대한 조사에서 이와 같은 가설이 잘못된 것임이 밝혀졌다. 흥미롭게도 이 유적에서는 호모 네안데르탈렌시스와 호모 사피엔스의 거주지가 함께 발견되었다. 만약 호모 사피엔스가 공간을 분리해서 사용한 반면, 호모 네안데르탈렌시스가 공간을 분리하지 않았다면 공간 분리는 호모 사피엔스만의 능력이라고 이야기할 수 있다.

하지만 연구 결과에 따르면 호모 네안데르탈렌시스 역시 동굴을 여러 층으로 나누고 용도에 따라 활용했다. 가장 높은 층에서는 대형 동물을 사냥하기 위한 준비를 하거나 사냥감을 손질하는 작업을 했던 것으로 추정된다. 이 층에서 동물의 고기를 저미고, 가죽을 벗겨 손질했을 것이다. 이들의 주된 생활공간은 아마도 중간층이었을 것이다. 이곳에서는 앞쪽에 도구를 두고 모닥불을 피웠다. 모닥불은 동굴 안을 환하게 비추어주고, 따뜻하게 해주었다.

중간 층 앞쪽에 도구를 둔 이유 가운데 한 가지는 불과 함께 당시 호모 네안데르탈렌시스를 위협하는 동물들로부터 자신들을 지기키 위해서였을 것이다. 아직 분명하게 밝혀지지는 않았지만 고고학자들은 아마도 가장 낮은 층에서 도구를 제작했을 것이라고 생각한다. 돌로 도구를 만드는 과정은 제법 위험했고, 특히 파편이 많이 떨어지는 경우 이와 같은 작업을 여러 사람들이 함께 사용하는 공간에서는 하지 않았을 것이라는 추측이다.

뿐만 아니라 호모 네안데르탈렌시스는 자신들이 거주하고 있던 동굴을 깨끗하게 유지하는 데 관심을 가지고 있었다. 프랑스 남부 가론에는 브뤼니켈 동굴이 있다. 약 17만 6,500년 전에 이 동굴에 살고 있었던 호모 네안데르탈렌시스는 동굴의 밀폐된 공기를 순환시키기 위해 불을 사용했던 것으로 추정된다. 이들은 석순을 이용했던 것으로 보이는데, 석순은 동굴 천장에서 떨어지는 물방울 속에 포함된 석회질 물질들이 동굴 바닥에 쌓여 죽순 모양처럼 자란 것을 의미한다. 연구자들에 따르면 호모 네안데르탈렌시스는 동굴 바닥에서 자라는 석순을 재배열하고, 새로운 석순이 자라는 것을 관찰했다. 특히 이런 석순들은 동굴 입구로부터 약 300미터 이상 떨어진 곳에서 자라고 있었기 때문에 이 동굴은 호모 네안데르탈렌시스의 거주지라기보다는 무엇인가를 저장하기 위한 공간이었다고 생각하는 사람들도 있다.

호모 네안데르탈렌시스가 거주했던 곳은 비단 동굴뿐만이 아니다. 이들은 집을 지어 살기도 했는데, 이들이 지은 집을 역사학자들은 '막집'이라고 부른다. 막집은 주로 나뭇가지와 가죽 등을 이용해 지은 집을 의미하는데, 원형이나 사각형 모양으로 땅을 파고 기둥을 세운 다음 짚이나 풀잎 등으로 지붕을 만든 움집과는 구별된다. 인류 역사 속에서 움집이 좀 더 발전한 형태라고 할 수 있다. 호모 네안데르탈렌시스는 특별한 재료를 이용해 막집을 지었는데, 그 재료는 바로 매머드의 뼈이다.

1965년 우크라이나 중앙에 위치한 메지리치에서 막집의 터가 발견되었다. 고고학자들은 이 막집이 약 1만 5,000년 전에 만들어진 것으로 추정하고 있다. 한 가지 흥미로웠던 점은 매머드의 아래 뼈로 울타리를 만들고, 매머드 어금니로 입구의 아치를 만들었다는 것이다. 전문가들에 따르면 이 집을 짓기 위해 최소한 95마리 이상의 매머드가 필요하다. 이 시기에 매머드는 호모 네안데르탈렌시스에게 꼭 필요한 사냥감이었다. 풍부한 단백질을 제공해주었기 때문이다.

지금까지 매머드의 멸종과 관련해서 많은 학자들은 이들이 기후 변화에 제대로 적응하지 못했기 때문이라고 주장했지만, 어쩌면 호모 네안데르탈렌시스의 무분별한 사냥이 이들의 멸종을 더욱 가속화시켰을지도 모른다.

최초의 예술작품과 종교의식

1913년 2월 17일, 뉴욕에서는 국제 현대미술 전시회가 열렸다. 전시회가 열린 곳이 렉싱턴가에 위치한 무기고였기 때문에 사람들은 이 전시회를 '아모리쇼(Armory Show)'라고 부른다. 당시 미국은 산업화와 도시화로 인해 이전과는 전혀 다른 모습으로 변화하고 있었다. 하지만 그림이나 조각은 여전히 전통적인 가치와 이념에서 벗어나지 못했다.

아모리쇼의 원래 목적은 미국 화가와 조각가가 전통예술로부터 벗어나 감정과 본능에 충실하고, 새로운 표현 기법을 활용함으로써 당시 미국사회의 모습을 잘 보여주는 예술을 추구하기

- **마르셀 뒤샹의 「계단을 내려오는 누드 2」(1912)**
  유럽의 모더니즘 작품 가운데 하나이다. 그림의 대상이 명확하게 표현되지 않아 아모리쇼에서 가장 비난
  을 많이 받았던 그림이다.

위한 것이었다. 이를 위해 유럽의 모더니즘 작품도 함께 전시했
다. 하지만 전시회를 기획했던 사람들의 의도와 달리 관객들이
가장 관심을 보인 작품은 유럽의 모더니즘 작품이었다.

　당시 사람들 사이에서 가장 논란이 되었던 작품은 뒤샹(Marcel
Duchamp)의 「계단을 내려오는 누드 2(*Nude Descending a Staircase,
No.2*)」였다. 이 작품은 전혀 인간처럼 보이지 않는 형태를 그렸
을 뿐만 아니라 마치 계단에서 내려오는 행위 자체를 카메라로

계속 찍은 것처럼 표현했다. 사람들은 이 그림에서 지금까지 알고 있었던 그림의 형태나 표현 기법이 파괴된 것을 볼 수 있었다. 논란이 되었던 작품은 뒤샹의 그림뿐만이 아니었다. 원색을 사용해 강렬한 느낌을 주는 그림을 주로 그렸던 마티스(Henri Matisse) 역시 아모리쇼에 자신의 작품들을 전시했다. 하지만 당시 미국 예술 비평가들은 이와 같은 그림들을 유치하다고 비판했다. 그럼에도 아모리쇼는 지금까지 미국의 전통 화가들이 그렸던 그림과 전혀 다른 모더니즘 작품을 전시함으로써 예술가와 대중에게 새로운 표현 기법과 소재, 색채의 세계를 소개했다. 이러한 점에서 아모리쇼는 미국 미술과 예술이 발전하게 된 중요한 사건이 되었다고 할 수 있다. 그리고 이와 같은 전시회를 통해 미국사회에는 모더니즘을 적극적으로 수용하면서 당시 미국사회의 모습을 제대로 반영할 수 있는 새로운 문화 창조의 움직임이 나타났다.

이와 같이 예술은 한 사회의 문화 형성과 변화, 그리고 발전에 많은 영향을 미친다. 그렇다면 인류 역사 속에서 예술은 어떻게 등장하고 변화했을까? 많은 학자들은 최초의 예술작품이 호모 네안데르탈렌시스가 살았던 시기에 등장했다고 생각한다. 아프리카의 가장 북쪽에 위치한 국가는 튀니지이다. 기원전 1200년경 지중해 동쪽지역에 살고 있던 페니키아인은 이 지역에 식민지를 건설했다. 바로 카르타고이다. 카르타고는 기원전 3세기까지 지중해에서 가장 교역이 발달한 도시국가였다. 지중해 교역권을 둘러싸고 로마와 세 차례에 걸쳐 전쟁이 발생했고, 결국 카르타고는 몰락했다. 이 전쟁에서 카르타고의 유명한 장군 한니발(Hannibal Barca)은 카르타고 군대가 지중해를 건너 로마로 침공할 것이라는 로마인의 예상과 달리 알프스산맥을 넘어 로마를 공격하기도 했다.

튀니지 '재스민 혁명' 여러 국가로 번져

지중해 교역의 부와 영광이라는 찬란했던 과거에도 불구하고, 2010년에 튀니지에서는 중요한 정치 혁명이 발생했다. 경제 불황에 대한 불만이 쌓여가면서 독재 정권의 억압통치와 부정부패에 대항해 전국 규모의 민주화 시위가 발생한 것이다. 그 결과 23년간 권력을 독점했던 당시 튀니지 대통령이 사우디아라비아로 망명했고, 독재정권은 무너졌다. 튀니지의 민주화 시위는 무력으로 정권을 빼앗는 쿠데타가 아닌 민중에 의해 독재정권이 무너진 최초의 역사적 사건이다. 많은 역사학자들은 이 혁명에 튀니지의 국화인 재스민 꽃의 이름을 붙여 '재스민 혁명'이라고 부른다.

민주화 시위는 다른 지역과 국가로 확산되었다. 아시아 서부 지중해 근처에 위치한 시리아의 상황도 튀니지와 크게 다르지 않았다. 당시 시리아는 쿠데타를 통해 1971년에 정권을 잡은 이후 특정 가문이 오랫동안 지배해왔다. 뿐만 아니라 전체 인구의 약 10퍼센트에 불과한 사람들이 군대와 비밀경찰을 통해 강압적인 통치를 해왔다. 21세기에 들어서면서 제한적으로 개혁이나 개방 정책이 시행되기도 했지만 별다른 효과는 없었다. 이러한 상황 속에서 2011년에 재스민 혁명에서 널리 사용됐던 '국민은 정권의 전복을 원한다'는 구호를 벽에 쓴 학생들이 체포됐다. 국민들은 이들의 석방과 더불어 민주주의와 자유를 요구하는 시위를 벌였다. 하지만 정부는 평화로운 시민들의 시위를 강압적으로 탄압했다. 시민들 가운데 사망자가 발생하자 반정부 시위가 전국적으로 확산되기 시작했고, 내전이 시작됐다.

시리아 내전은 비단 시리아만의 문제가 아니다. 주변의 여러 국가들과 복잡한 관계를 형성했기 때문에 유엔이나 미국은 섣불리 개입하지 못하고 있다. 특히 정치 불안을 피해 36만 명 이상의 난민이 유럽으로 이동했는데, 난민 문제를 둘러싸고 유럽에서 심각한 정치적 갈등이 발생했다. 유엔에 가입한 28개의 유럽

국가 가운데 23개국은 시리아 난민을 받아들이기로 결정했지만, 체코·헝가리·루마니아·슬로바키아는 난민 수용을 거부했다.

시리아 난민이 국제사회의 '뜨거운 감자'로 부상하게 된 것은 바로 2015년 9월 3일, 난민 보트에서 떨어져 익사한 후 터키 해안에서 발견된 세 살짜리 어린아이 때문이었다. 이와 같은 문제를 어떻게 해결할 것인지 국제사회의 논의와 신중한 결정이 필요하다. 무엇보다 이미 앞에서 살펴본 것처럼 0.1퍼센트의 DNA 차이 때문에 나타나는 인종의 개념이 전 지구적으로 영향을 미치는 문제를 해결하는 데 더 이상 걸림돌이 되어서는 안 된다.

국제사회의 이슈가 되고 있는 시리아 남서쪽에는 골란고원이 있다. 산지와 평지의 중간 형태를 이루는 구릉지이다. 원래는 시리아의 영토였지만 1948년 이스라엘이 건국된 이후 아랍 국가들과 벌어진 전쟁에서 이스라엘이 자신들의 영토로 합병했다. 골란고원의 북동쪽에 람호수가 위치하고 있다. 이 지역은 화산활동으로 인해 현무암이 풍부한데, 1981년에 이 호수 근처에서 조각상이 발견되었다. 물론 현무암으로 만들어졌다. 연대 추정 결과 약 23만 년 전의 것으로 추정된다. 당시 고고학자들은 이 조각상을 '베레카트 람의 베누스(Venus of Berekhat Ram)'라고 불렀다. 마치 여인의 모습처럼 보였기 때문이다.

- **베레카트 람의 베누스**
  현무암으로 만들어진 조각상이다. 마치 여인의 모습과도 같아 '베레카트 람의 베누스'라고 불린다.

하지만 이 조각상을 둘러싸고 학자들 사이에서는 논쟁이 발생했다. 당시 이 지역에 살고 있던 호모 네안데르탈렌시스가 조각상을 만든 것인지, 아니면 자연적인 풍화작용에 의해 만들어진 것인지 분명하지 않았기 때문이다.

이후 아프리카 북서부에 위치한 모로코에서도 1999년에 이와 유사한 조각상이 발견되었다. 모로코에서 가장 긴 강은 드라아강이다. 길이가 무려 1,100미터에 달한다. 이 강 근처에 위치한 탄탄이라는 마을에서 베레카트 람의 베누스와 비슷한 형태의 조각상이 발견되었다. '탄탄의 베누스(Venus of Tan-Tan)'라는 이름으로 불리는 이 조각상이 약 70만~23만 년 전에 해당하는 침전물과 화석이 있는 지층에서 발견됐기 때문에 고고학자들은 조각상의 연대를 최소 23만 년 전으로 추정하고 있다. 베레카트 람의 베누스와 비슷한 시기에 제작된 것이라 할 수 있다.

길이가 약 6센티미터 정도인 탄탄의 베누스는 표면의 일부가 붉은색을 띠고 있다. 과학적 분석 결과, 붉은색을 띤 부분에는 망간이나 철이 포함되어 있었다. 뿐만 아니라 조각상의 표면에는 오커라는 안료가 덧칠해진 것으로 추정된다. 오커는 철과 산소의 화합물로 만들어진다. 이를 통해 고고학자들은 탄탄의 베누스가 자연적으로 만들어진 것이 아니라 인간이 만든 것이라고 생각한다. 만약 이와 같은 주장이 사실이라면, 베레카트 람의 베누스와 탄탄의 베누스는 인류 역사상 가장 오래된 조각상이라 할 수 있다. 그리고 이와 같은 조각상을 만든 사람은 당시 아프로-유라시아 지역에 살고 있었던 호모 네안데르탈렌시스라고 볼 수 있다. 이들이 인류 역사상 최초로 예술품을 만든 것이다.

일부 학자들은 이와 같은 조각상에 베누스라는 이름을 붙이는 것에 대해 반대하고 있다. 흔히 비너스라 불리는 이 여신은 로마 신화에 등장하는 미와 사랑의 여신이다. 따라서 아프리카와 서

남아시아에서 발견된 여인의 조각상에 베누스라는 이름을 붙이는 것은 자연스럽게 유럽인의 신화와 문화, 종교적인 관점을 토대로 하는 것이라는 비판이 제기되었다. 특히 20세기 말부터 유럽중심적인 해석과 분석의 틀을 비판하고, 세계사와 인류의 역사를 균형 잡힌 시각에서 분석하고자 하는 역사 연구 동향이 등장하면서 이와 같은 비판은 더욱 신랄해지고 있다. 이러한 흐름을 반영한다면, 우리는 베레카트 람의 베누스나 탄탄의 베누스라는 용어 대신 여인상이라는 이름을 붙여야 할 것이다.

죽은 이에게 꽃을 바치는 네안데르탈렌시스 풍습

사람이나 동물의 시신이 썩지 않도록 방부 처리를 해서 만든 것이 미라이다. 많은 사람들이 이집트에서만 미라를 만들었다고 생각하지만, 사실 전 세계의 여러 지역에서 미라를 만들었다. 다만 방부 처리 방법이 이집트에서 가장 먼저 시작되었기 때문에 사람들은 미라를 이집트의 독특한 문화라고 생각하는 것이다. 이집트의 기후는 상당히 건조했기 때문에 시신을 천에 싸서 매장하기만 해도 오랫동안 보존할 수 있었다. 어떤 사람들은 이와 같은 과정 속에서 시신이 부활할 수 있다는 믿음이 생겨났고, 이는 종교로 연결되었다고 생각한다.

그렇다면 시신을 매장하고, 이들이 다른 세계에서 부활할 것이라고 생각했던 믿음은 언제 처음 나타났을까? 역사학자들에 따르면 시신을 가장 먼저 매장했던 사람들은 호모 네안데르탈렌시스였다. 물론 이집트인처럼 시신을 천으로 싸서 미라를 만들었던 것은 아니지만, 이들은 다양한 방법으로 시신을 매장했다.

1951년 북부 이라크의 자그로스 지방 서쪽에 위치한 샤니다르 동굴에서 유적이 발견되었다. 고고학자들은 이 유적에서 네 개의 퇴적층을 발견했고, 여기에는 인간의 두개골을 비롯한 다양한 화석이 매장되어 있었다. 방사성 탄소연대 측정 결과 이 유골은 약 4만 7,000년 전의 호모 네안데르탈렌시스로 밝혀졌다. 그런데 이 동굴에서 고고학자들은 한 가지 재미있는 것을 발견했다. 바로 호모 네안데르탈렌시스의 시신 근처에서 발견된 흙에 꽃가루가 섞여 있었던 것이다. 꽃가루를 분석한 결과, 당시 봄에 주로 피는 꽃으로 추정되었다. 이는 호모 네안데르탈렌시스가 시신에 꽃을 바치는 풍습을 가지고 있었던 것을 말한다.

시신에 무엇인가를 바치는 풍습은 다른 지역에서도 발견된다. 프랑스의 무스티에 동굴에서는 10대로 추정되는 유골이 발견되었다. 이 유골 역시 주변에 여러 가지 종류의 도구와 함께 소뼈가 발견되었다. 고고학자들은 대략 5만 년 전으로 추정하고 있다. 중앙아시아에 위치한 우즈베키스탄의 테쉭 타쉬에서도 호모 네안데르탈렌시스의 유골이 발견되었다. 이 유골은 염소의 뼈에 둘러싸여 있었다. 또한 알프스의 여러 동굴에서는 호모 네안데르탈렌시스의 유골과 곰의 두개골이 함께 발견되었다. 이와 같이 시신과 함께 묻는 부장품은 시기나 지역에 따라 차이가 있지만, 당시 아프로-유라시아에 널리 확산되어 살고 있었던 호모 네안데르탈렌시스의 공통적인 습관이라고 볼 수 있다.

일부 역사학자들은 호모 네안데르탈렌시스의 시신과 부장품을 함께 묻는 습관이 사후세계에 대한 믿음으로부터 나타난 것이라고 믿는다. 사후세계는 오랫동안, 그리고 지금까지도 많은 사람들 사이에서 논쟁이 되고 있다. 최근 사후세계가 뇌의 환각 작용이라는 주장이 제기되었다. 일시적으로 심장이 마비되었던 사람들 가운데 자신들이 사후세계를 경험했다고 주장하는 사람들이 있지만, 과학자들은 이와 같은 현상이 뇌의 환각 때문에 발생한다고 설명한다. 따라서 의사들은 환자들이 경험했던 사후세계는 영적인 것이 아니라 물리적 현상이라고 주장한다.

하지만 이와 같은 과학적 증거에도 불구하고, 인류는 오랫동안 사후세계를 믿어왔다. 그리고 호모 네안데르탈렌시스의 매장 풍습은 이와 같은 믿음의 시작이었다.

04

호모 네안데르탈렌시스의 언어

오랫동안 학자들은 인간을 인간답게 만드는 특징에 대해 논의해 왔다. 대부분의 학자들은 직립보행이 인간만의 특징이라고 생각했다. 하지만 320만 년 전에 나타났던 루시가 직립보행을 했다는 사실이 알려지면서 과연 직립보행이 인간만의 특징이 될 수 있을까를 둘러싼 의문이 커졌다. 루시는 호모 속에 속하지 않기 때문이다. 엄격하게 말하면 루시는 유인원과 인간의 특징을 함께 가지고 있다. 따라서 영장류와 인간의 공통조상으로부터 분화되어 인간으로 진화하는 과정 속에서 나타난 종이라고 볼 수 있다. 일반적으로 영장류는 유인원과 원숭이로 구분될 수 있다. 이와 같은 구분의 가장 큰 특징은 바로 꼬리이다. 원숭이는 꼬리를 가지고 있는 반면, 유인원은 꼬리가 없기 때문이다. 꼬리가 없는 유인원에 해당하는 종으로는 침팬지, 고릴라, 오랑우탄, 보노보, 기번, 그리고 인간을 들 수 있다. 사실 이와 같은 종들은 인간과 매우 닮았다. 인간과 침팬지의 DNA가 98퍼센트 이상 일치한다는 사실을 통해서도 잘 알 수 있다.

이 가운데 기번은 가장 인간과 닮은 유인원이다. 흔히 기번을 '긴팔원숭이'라고 부르는데, 사실 이와 같은 명칭은 잘못된 것이다. 기번은 꼬리가 없는 유인원이기 때문이다. 최근 연구 결과에 따르면 이들은 여러 가지 방식에서 인간과 상당히 유사하다. 주로 나무에서 생활하지만 땅 위로 내려오면 허리를 세우고 인간처럼 직립보행을 한다. 인간과 유사하게 일부일처제를 유지하고 있다.

일부일처제란 남성과 여성이 각각 한 명의 배우자만 두는 것을 의미한다. 대부분의 유인원은 다부다처제를 유지하고 있다. 뿐만 아니라 기번은 인간처럼 노래를 부르기도 한다. 과학적 연구 결과에 따르면 이들은 인간처럼 성대 조절 능력을 가지고 있어 함께 합창을 한다. 이와 같은 점을 살펴본다면, 과연 인간을 인간답게 만드는 특징이 무엇인지 더욱 궁금해질 수밖에 없다.

어떤 학자들은 인간만의 특징이 언어라고 주장한다. 언어란 느낌이나 생각을 전달하기 위한 수단을 의미한다. 오랫동안 학자들 사이에서는 언제부터 언어를 사용했는지를 둘러싼 논쟁이 벌어졌다. 많은 학자들은 언어를 최초로 사용하기 시작한 인류가 호모 사피엔스라고 생각한다. 사실 호모 사피엔스의 두뇌 용량이 동시대에 함께 살았던 호모 네안데르탈렌시스보다 약간 작기 때문에 언어의 사용은 두뇌 용량의 증가와는 별다른 관련성이 없는 듯하다. 오히려 학자들은 호모 네안데르탈렌시스의 생활 방식이나 문화에서는 나타나지 않았던 측면에 관심을 가지고, 이 부분을 통해 언어가 나타나고 발전하게 된 상황을 살펴봐야 한다고 주장한다. 바로 추상적 사고이다.

인류는 언제부터 언어를 사용했을까?

추상적 사고는 개별 현상이나 사례들로부터 새로운 개념이나 원리를 만들어내는 사고이다. 좀 더 쉽게 설명하면, 자료들을 통해 생각을 이끌어내거나 눈에 직접적으로 보이지 않는 관계들을 이해하는 것이다. 예를 들어, 눈앞에 빨간 장미꽃이 한 송이 있다고 해보자. 장미꽃을 본 사람들은 '아름답다'거나 '가시에 찔리면 아프겠다'는 생각을 한다.

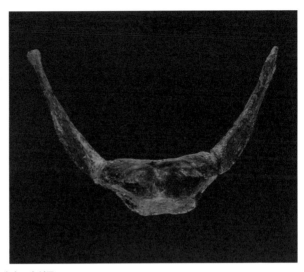

- **호모 네안데르탈렌시스의 설골**
  설골은 혀뿌리에 붙어 있는 V자 모양의 뼈이다. 일부 학자들은 이를 바탕으로 호모 네안데르탈렌시스가 언어를 사용했을 가능성이 높다고 본다.

　하지만 다른 생각을 할 수도 있다. 장미의 빨간색이 정열을 의미한다고 생각해서 다른 사람을 사랑하는 자신의 마음을 빨간 장미꽃으로 표현하는 사람도 있고, 장미꽃의 가시를 보면서 고통이나 아픔을 생각하는 사람도 있다. 어떤 사람은 빨간 장미꽃을 보면서 생텍쥐페리(Antoine Marie Roger De Saint Exupery)의 『어린 왕자(*Le Petit Prince*)』에 등장하는 장미꽃을 생각하기도 한다. 언어학자들은 호모 사피엔스가 추상적 사고를 하고, 이를 언어를 통해 표현했다고 생각한다.

하지만 일부 학자들은 호모 네안데르탈렌시스 역시 언어를 사용했다고 주장한다. 호모 네안데르탈렌시스의 두개골을 해부학적으로 분석했을 때 설골이 있다는 것을 확인했기 때문이다. 설골은 혀뿌리에 붙어 있는 V자 모양의 뼈이다. 이 뼈는 혀의 근육 조직과 후두를 연결한다. 후두는 성대를 포함한 부분으로 숨을 쉬고, 말을 하는 데 중요한 역할을 한다. 또한 호모 네안데르탈렌시스는 가로로 평평하게 눌린 후두의 구조를 가지고 있었는데, 학자들은 이와 같은 구조가 호모 사피엔스와 크게 다르지 않다고 생각한다. 뿐만 아니라 호모 네안데르탈렌시스의 목소리를 내는 설하신경은 침팬지보다 크고 현대인과 상당히 유사하다. 언어나 말과 관련된 유전자 역시 존재했다. 이러한 점에서 본다면 호모 네안데르탈렌시스 역시 언어를 사용했을 가능성은 상당히 높다.

이와 같은 주장에 대해 아직 명확하게 결정된 것은 없다. 최근 학자들은 호모 네안데르탈렌시스가 우리처럼 완벽한 언어는 사용하지 못했지만, 어느 정도 수준의 언어를 구사했을 것이라고 생각한다. 이들은 호모 네안데르탈렌시스와 호모 사피엔스의 후두 위치가 서로 달랐다는 사실을 지적했다. 호모 네안데르탈렌시스의 후두가 호모 사피엔스보다 높았기 때문이다. 후두의 위치가 높다는 것은 성대와 후두 사이의 거리가 짧다는 것을 의미하고, 결과적으로 호모 네안데르탈렌시스는 분명하고 명확한 소리를 내지는 못했을 것이라고 추정한다. 또한 호모 네안데르탈렌시스의 뇌에서 발성에 관련된 부분인 두정엽이나 언어를 이해하는 부분인 측두엽이 호모 사피엔스보다 작았기 때문에 언어 능력과 기억력이 호모 사피엔스만큼 발달하지 못했다고 주장한다. 일부 학자들은 인류와 가장 닮은 유인원인 기번이 노래를 부른다는 사실과 더불어 호모 네안데르탈렌시스 역시 노래를 불렀다고 생각한다. 노래는 음악과 언어의 결합으로 이루어지는데, 호모 네안데르탈렌시스가 냈던 소리는 음악과 언어의 중간에 해당하는 것이라고 생각한 것이다.

호모 사피엔스는 지식·정보 나눌 줄 알았다

20세기 후반까지 대부분의 학자들은 호모 네안데르탈렌시스가 언어를 사용하지 못했다고 생각했다. 그러나 이와 같은 주장은 이들 역시 언어를 사용했지만, 호모 사피엔스가 사용했던 언어와는 매우 달랐다는 주장으로 변하기 시작했다. 호모 네안데르탈렌시스의 두개골 용량이 호모 사피엔스보다 컸는데도 언어와 기억력에 영향을 미치는 부분들이 발달하지 못해서, 호모 사피엔스처럼 명확한 언어를 사용하지 못했다는 증거들이 발견됐기 때문이다.

최근 일부 학자들은 호모 네안데르탈렌시스가 각 영역에 걸쳐 상당히 많은 지식과 정보를 가지고 있었던 것으로 생각한다. 다만 이들에게는 이와 같은 지식과 정보를 서로 연결할 수 있는 신경망이 발달하지 못했기 때문에 호모 사피엔스처럼 추상적인 사고를 하거나 자신들이 가지고 있는 지식과 정보를 효과적으로 전달하는 데 실패했다. 반면 호모 사피엔스는 이와 같은 능력이 발달했기 때문에 호모 네안데르탈렌시스보다 오랫동안 생존할 수 있었다.

05

호모 네안데르탈렌시스의 멸종?
호모 사피엔스와의 혼종?

오랫동안 학자들은 호모 네안데르탈렌시스가 멸종한 이유를 둘러싸고 논쟁을 벌였다. 일부 학자들은 이들이 당시 지구 환경에 제대로 적응하지 못했기 때문에 멸종했다고 생각했다. 약 35만 년 전에 지구에 출현한 호모 네안데르탈렌시스는 따뜻하고 온화한 아프리카에서 출현했던 다른 종과는 달리 비교적 추운 유럽 지역에서 살았다. 따라서 다른 종보다 추위를 잘 견딜 수 있었고, 이는 무엇보다도 그들의 키나 체격, 뇌 용량이 발달하는 데 중요한 원인이었다. 하지만 지금으로부터 약 11만 년 전에 마지막 빙하기가 시작되면서 추위는 더욱 심해졌다. 이와 같은 추위는 화산 폭발 때문에 더욱 극심해졌다.

인도네시아 수마트라섬에 위치한 토바 화산은 약 7만 5,000년 전에 폭발했다. 화산이 폭발하면서 분출되는 용암이나 화산 가스의 양 등으로 화산 폭발의 세기를 숫자로 나타내는데, 이를 '화산 폭발 지수'라고 부른다. 화산 폭발 지수는 1부터 8까지인데, 숫자가 커질수록 화산 폭발의 규모나 그로 인한 영향 역시 크다. 토바 화산의 화산 폭발 지수는 8이다. 이는 인류 역사상 가장 규모가 큰 화산 폭발이었다. 화산이 폭발하면서 발생하는 화산재는 하늘을 덮으면서 층을 형성하는데, 이 층은 태양 에너지가 지구에 도달하는 것을 차단한다.

화산 폭발······ 갑자기 찾아온 혹한에 '생존 위기'

따라서 화산재로 인한 층이 만들어지면 태양으로부터 지구에 전달되는 빛과 열에너지가 감소하게 된다. 결국 화산 폭발로 인해 추위가 발생하게 되는 것이다. 특히 토바 화산은 지금까지 존재했던 화산 폭발 가운데 가장 규모가 큰 것이었기 때문에 이로 인한 영향력 역시 매우 컸다. 학자들에 따르면 이는 약 1만 년 동안 지구 전체에 영향을 미쳤고, 무엇보다도 마지막 빙하기 동안 추위를 더욱 극심하게 만들었던 중요한 원인 가운데 하나였다.

토바 화산 폭발 때문에 추위가 더욱 심각해지자 당시 지구에 살고 있던 사람들은 추위를 극복할 수 있는 방법을 찾아야만 했다. 원래 추운 지역에서 적응하며 살았던 호모 네안데르탈렌시스 역시 추위에 적응하기 위한 새로운 방법을 모색했다. 이들은 골각기를 사용해 자신들이 사냥했던 동물의 가죽을 벗기고 몸에 걸쳤다. 때로는 동물 가죽으로 만든 끈으로 묶어 추위로부터 신체를 보호하려고 했다. 그러나 이와 같은 방법은 빙하기의 추위를 이기는 데 상당히 역부족이었다.

그런데 비슷한 시기에 살고 있던 호모 사피엔스는 전 지구적 추위를 극복하기 위해 새로운 도구를 발명했다. 프랑스 남서부에 위치한 오트 가론에는 오리냐크 동굴이 있다. 이 동굴에서는 동물의 뼈를 이용해서 만든 각종 도구와 장식품이 발견되었는데, 연대 추정 결과 약 3만 2,000~2만 6,000년 전의 것으로 생각된다.

여기에서 발견된 도구 가운데 한 가지가 바로 바늘이다. 동물의 뼈나 상아로 만들어진 바늘은 바늘귀가 없었다. 따라서 고고학자들은 처음에는 바늘을 동물 가죽에 구멍을 뚫는 용도로 사용했을 것이라고 생각한다. 시간이 흐르면서 호모 사피엔스는 새로운 형태의 바늘을 만들었다. 바로 바늘귀가 있는 바늘이다.

이와 같은 바늘로 호모 사피엔스는 동물 가죽을 가죽 끈이나 동물의 내장으로 연결해 훨씬 따뜻한 옷을 만들 수 있었다. 그리고 이와 같은 옷은 동상이나 저체온증으로부터 이들을 보호해주었다. 이와 같은 점에서 사람들은 호모 네안데르탈렌시스가 바늘과 같은 효율적인 도구를 만들지 못했기 때문에 결국 혹독한 추위를 이기지 못하고 멸종했다고 생각한다.

어떤 학자들은 호모 네안데르탈렌시스가 멸종한 원인이 바로 호모 사피엔스 때문이라고 주장한다. 약 25만~20만 년 전에 아프리카에서 출현했던 호모 사피엔스는 약 10만 년 전부터 아프리카를 벗어나 여러 지역으로 이동했다. 물론 호모 네안데르탈렌시스가 주로 살고 있던 유럽으로도 이동했다. 이들이 유럽으로 이동하면서 아마도 호모 네안데르탈렌시스와 호모 사피엔스 사이에 식량이나 생존에 필요한 자원을 둘러싸고 경쟁이 발생했을 것이다. 사람들은 호모 사피엔스가 이동하자 원래 이 지역에 살고 있던 종들이 멸종했다고 주장한다. 호모 네안데르탈렌시스도, 호모 데니소바(Homo denisova)도, 그리고 호모 플로레시엔시스도 그러했다. 이와 같은 현상은 호모 사피엔스가 지구에 남은 유일한 인류가 될 때까지 지속됐다.

일부 학자들은 호모 네안데르탈렌시스의 개체 수가 매우 적었기에 멸종할 수밖에 없었다고 생각한다. 이들은 여섯 개의 호모 네안데르탈렌시스 유골을 분석한 결과, 토바 화산 폭발 이후 추위가 극심해진 시기부터 호모 네안데르탈렌시스가 멸종한 시기인 약 3만 년 전 사이에 임신이 가능했던 여성의 수가 약 1,500~3,500명 정도였다고 주장했다.

또한 이들은 호모 네안데르탈렌시스의 DNA를 분석해 현생 인류와 비교했더니 다양성이 현생 인류의 3분의 1 수준으로 낮았다는 사실을 밝혀냈다. 유전자의 다양성이 낮다는 것은 생존할 수 있는 개체 수와도 직접적인 관련성을 가지고 있다. 따라서 당시 호모 네안데르탈렌시스의 전체 인구는 약 7,000명 내외로 매우 적었을 것으로 예상한다.

네안데르탈렌시스는 왜 사라졌을까?

최근 다양한 과학적 실험과 증거들이 나타나면서 인류학자들은 호모 네안데르탈렌시스가 사라진 이유를 호모 사피엔스에 의한 멸종이 아니라 이들에게 흡수되었기 때문이라고 생각하기 시작했다. 불과 몇 년 전까지 대부분의 학자들은 호모 네안데르탈렌시스와 호모 사피엔스가 결합하는 것이 불가능하다고 생각했다. 과학자들은 1856년 독일 뒤셀도르프 근처에 위치한 네안데르계곡에서 발견된 뼈 화석에서 작은 뼛조각을 분리해 잘게 부순 다음, 이로부터 미토콘드리아DNA를 분리했다. 미토콘드리아DNA는 어머니를 통해서만 유전되는 물질인데, DNA를 구성하는 염기들을 순서대로 나열한 염기서열이 동일해야만 같은 종이라고 할 수 있다. 이 실험 결과, 호모 네안데르탈렌시스의 미토콘드리아DNA는 호모 사피엔스의 미토콘드리아DNA와 다르다는 사실이 밝혀졌다.

하지만 독일의 한 연구소에서 호모 네안데르탈렌시스의 유전자 배열을 연구해서 새로운 유전자 지도를 만들었다. 이 지도와 호모 사피엔스의 유전자 지도를 비교해보면, 이들이 서로 섞여 있는지 아닌지를 알 수 있다. 이 연구에서는 호모 사피엔스가 가지고 있는 특정한 유전자를 호모 네안데르탈렌시스도 가지고 있는지를 밝히는 것이 중요했다.

그리고 놀랍게도 호모 네안데르탈렌시스와 호모 사피엔스의 공통조상이 밝혀졌다. 바로 호모 하이델베르겐시스였다. 과학자들은 약 50만 년 전에 호모 하이델베르겐시스의 일부가 아프리카를 떠나 유럽으로 이동하면서 이들이 호모 네안데르탈렌시스로 진화했다고 주장했다. 그리고 여전히 아프리카에 남았던 사람들은 호모 사피엔스로 진화했다. 이런 점에서 본다면, 호모 하이델베르겐시스는 호모 네안데르탈렌시스와 호모 사피엔스의 공통조상이다.

이와 더불어 일부 학자들은 약 8만 년 전에 중동 지역으로 이동한 호모 사피엔스와 이 지역에 살고 있던 호모 네안데르탈렌시스 사이에 교배가 이뤄졌다고 주장한다. 오늘날 우리가 가지고 있는 유전자 가운데 약 1.5~4퍼센트 정도가 바로 호모 네안데르탈렌시스로부터 전해졌다는 것이다. 이와 같은 주장의 증거는 바로 호모 데니소바이다.

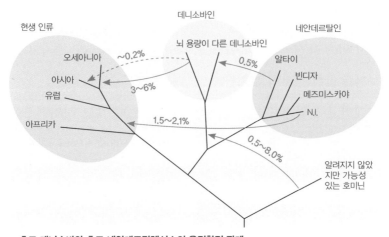

• **호모 데니소바와 호모 네안데르탈렌시스의 유전학적 관계**
　미토콘드리아DNA 분석 결과, 호모 데니소바와 호모 네안데르탈렌시스 사이에는 상당히 많은 공통점이 발견됐다.

2008년 7월, 시베리아의 알타이 산맥에 위치한 데니소바 동굴에서 손가락뼈와 다리뼈, 그리고 치아의 일부가 발견되었다. 이들의 미토콘드리아DNA를 분석한 결과, 호모 네안데르탈렌시스와 상당히 많은 공통점이 발견되었다. 데니소바 동굴 근처의 다른 동굴에서는 호모 네안데르탈렌시스의 유골이 발견되기도 했다. 이들은 비슷한 시기에 같은 지역에서 살았던 것이다.

약 10만 년 전에 지구에 살고 있었던 인류의 조상은 호모 사피엔스와 호모 네안데르탈렌시스, 그리고 호모 데니소바였다. 최근 호모 데니소바의 미토콘드리아DNA와 핵DNA를 분석한 결과, 이들이 호모 사피엔스와도 이종교배를 했다는 증거가 발견되었다. 시베리아에 살고 있던 호모 데니소바 가운데 일부 사람들이 동남아시아로 이동했고, 이후 오스트레일리아 북부와 서부의 섬들에 살고 있던 사람들과 이종교배를 했다. 그 결과, 오늘날 오스트레일리아 원주민의 유전자 가운데 6퍼센트 정도가 바로 호모 데니소바로부터 전해진 것으로 추정된다. 뿐만 아니라 파푸아뉴기니와 솔로몬 제도에 살고 있는 사람들의 유전자 가운데 일부도 호모 데니소바로부터 유전된 것으로 생각된다.

지금까지 호모 네안데르탈렌시스는 지능이 발달하지 못했기 때문에 지구의 급격한 환경 변화에 제대로 적응하지 못했고, 결과적으로 멸종한 것으로 알려졌다. 하지만 과학적 증거와 실험 결과가 축적되면서, 이들의 멸종과 관련된 새롭고 다양한 가설이 제기되었다. 이제 호모 네안데르탈렌시스의 멸종은 더 이상 호모 사피엔스에 의한 '제노사이드(genocide)'가 아니다. 제노사이드란 종교나 인종·이념 등의 차이와 대립으로 인해 특정 집단을 사라지게 만들 목적으로 그 구성원들을 대량 학살하는 행위를 의미한다. 대표적인 역사적 현상으로는 19세기 말부터 제1차 세계대전 동안 터키에서 발생했던 아르메니아 집단 학살을 들 수 있다.

우리 유전자 속에 남아 있는 네안데르탈렌시스

아르메니아는 서아시아 북부에 위치한 국가로 오랫동안 이슬람 제국과 러시아의 지배를 받았다. 19세기 말 러시아와 터키 사이에 전쟁이 발생하면서 터키에 살고 있던 아르메니아인이 무차별적으로 학살되었다. 이후에도 터키의 아르메니아인 학살은 계속되었다. 20세기 초 러시아와 터키에서 발생했던 혁명 덕분에 아르메니아는 독립할 수 있었지만, 제1차 세계대전 기간 아르메니아가 러시아와 협력할 것을 두려워했던 터키인에 의해 약 150만 명 이상의 아르메니아인이 학살되었다. 2016년에 프란치

스코(Francis) 교황은 터키인의 아르메니아인 학살은 '이념적으로 뒤틀린 집단학살'이라고 언급했는데, 그야말로 대표적인 제노사이드인 셈이다.

최근 많은 사람들은 호모 네안데르탈렌시스가 사라진 것이 다른 종들 간에 이루어진 이종교배와 흡수 때문이라고 생각한다. 어떤 의미에서는 이들이 완전히 사라진 것이 아니라 오늘날까지 여러 사람들의 유전자 속에 남아 있다는 것이다. 지금까지 우리는 호모 사피엔스의 단일한 후손이라고 설명해왔다. 하지만 앞으로 이와 같은 설명은 더 많은 과학적·고고학적 증거들이 발견됨에 따라 호모 사피엔스와 다른 종의 공통 후손이라는 설명으로 바뀌게 될 것이다.

지금으로부터 약 3만 년 전에 사라진 호모 네안데르탈렌시스는 호모 사피엔스와 호모 데니소바의 이종교배를 통해 오늘날까지 남아 있다. 이러한 사실은 약 70억 명 이상의 사람이 함께 살고 있는 오늘날 사회에 여러 가지의 생각할 거리를 던져준다. 무엇보다도 종교나 언어·인종 등의 차이에 따라 다른 사람을 차별하기보다는 인류 전체가 함께 공존해야 할 이유를 호모 네안데르탈렌시스의 역사를 통해 알 수 있다.

플립러닝

미토콘드리아DNA와 인류의 이동

1917년 러시아에서는 전 세계에서 최초로 공산주의 혁명이 발생했다. 일본과의 전쟁에서 패배했던 러시아는 경제적으로 매우 심각한 상황이었는데, 당시 10만 명 이상의 굶주린 노동자들과 그 가족들이 개혁을 요구하는 청원서를 가지고 황제 니콜라이 2세(Nikolai II)를 만나기 위해 궁전으로 향했다. 하지만 빵과 평화를 요구했던 이들에게 되돌아온 것은 군대의 무자비한 진압이었다. 1914년 제1차 세계대전이 발발하자 러시아에서는 600만 명 이상의 군대를 전쟁터로 파견했다. 이와 같은 결정은 노동자들과 농민들의 분노를 급증시켰고, 결국 황제가 물러나게 되었다. 그리고 노동자와 농민의 정부를 강조하는 사회주의 국가가 탄생했다.

러시아의 마지막 황제 니콜라이 2세에게는 한 명의 아들과 네

명의 딸이 있었다. 이들은 러시아 공산당인 볼셰비키에 의해 살해되었는데, 막내딸인 아나스타시아(Anastacia)만 살아남았다는 소문이 무성했다. 전쟁이 끝나고 자신이 바로 아나스타시아라고 주장하는 여성이 등장했다. 아나스타시아와 비슷한 신체적 특징을 가지고 있었고, 황실에 대해 자세히 알고 있었기 때문에 많은 사람들이 그녀가 러시아의 마지막 공주라고 믿었다. 하지만 1991년 러시아에서 황제 일가의 것으로 추정되는 유골이 발견되었고, 미토콘드리아DNA 감정 결과 사실로 밝혀졌다. 결국 아나스타시아라고 주장하는 여성의 주장은 거짓으로 판명되었다.

미토콘드리아DNA는 미토콘드리아의 기질에 존재하는 DNA이다. 핵DNA와 비교했을 때 수가 2,000배 이상 많고, 부패에 오래 견딜 수 있기 때문에 유골에서도 검사할 수 있다는 장점을 가지고 있다. 돌연변이도 빈번하게 발생한다. 뿐만 아니라 오직 어머니로부터만 자식에게 유전된다는 특징을 가지고 있다. 따라서 많은 인류학자들은 특정 집단이 공유하는 돌연변이에 의해 정의되는 서열 집단을 분석함으로써 이들이 가지고 있는 지역적 특징을 살피는 연구를 수행하고 있다. 이와 같은 연구를 통해 아프리카에서 처음 출현했던 인류의 조상들이 아프리카에서 벗어나 다른 지역으로 이동한 경로를 추적할 수 있다.

왜 비너스 상이라고 부를까?

영국의 대표적인 신문 「타임스(Times)」의 일요일판인 「선데이 타임스(Sunday Times)」에서 선정한 세계 10대 박물관 가운데 유일한 과학 박물관은 바로 오스트리아 빈에 위치한 자연사박물관이다. 1750년부터 당시 오스트리아를 지배하고 있던 합스부르크 왕가의 수집품을 보관하는 장소로 사용되었다가 자연사박물관으로 변경된 이곳에는 수렵 채집 시대부터 현대에 이르기까지 자연과 관련된 수많은 수집품이 가득하다. 예를 들어, 브라키오사우루스나 아파토사우루스 같은 공룡 화석부터 시작해 미생물이나 동물 전시품도 매우 많다.

빈 자연사박물관에서 사람들의 눈길을 끄는 것은 바로 조각상이다. 많은 역사학자들은 이 조각상을 빌렌도르프의 비너스 상이라고 불렀다. 1909년 오스트리아를 가로질러 흐르는 유럽 제

2의 강인 다뉴브강 근처에 위치한 빌렌도르프에서 철도 공사를 시행하다가 발견된 유물 가운데 하나이다. 고고학자들에 따르면 약 2만 5,000~2만 년 전의 것으로 추정된다. 여성의 모습을 표현하고 있는 이 조각상은 가슴과 복부를 매우 과장되게 묘사했다. 따라서 일부 학자들은 이 조각상이 실제 인체의 모습을 있는 그대로 표현하는 것이 아니라 다산을 상징하는 원시적인 주술을 표현하는 것이라고 주장하기도 한다.

고고학자들은 이 조각상을 비롯해 여러 가지 형태의 여인상을 발굴했다. 하지만 대부분의 조각상에는 비너스 상이라는 이름이 붙여져 있다. 비너스는 그리스 신화에 등장하는 미와 사랑, 그리고 풍요의 여신이다. 그리스 신화가 널리 알려진 유럽의 일부 국가에서는 역사적·문화적 맥락 속에서 여인상을 비너스 상이라고 부르는 것이 당연할지 모른다. 하지만 사실 유럽의 일부 국가들을 제외한 나머지 지역에서 발굴된 여인상에 비너스 상이라는 이름을 붙이는 것은 지나치게 유럽 중심적 해석이라는 비판이 제기되고 있다. 비너스 여신을 이해하거나 이와 관련된 역사적·문화적 경험이 없는 지역에까지 그리스 신화의 내용을 강요하는 셈이기 때문이다. 이러한 점에서 여인상의 이름에 대한 논쟁은 지금도 계속되고 있다.

인류의 등장과 진화, 멸종의 역사에서 유일한 승리자는 바로 호모 사피엔스이다. 최근 호모 사피엔스에 대한 저서가 출판되면서 많은 사람들이 인류 역사에 새로운 관심을 가지기 시작했다. 이스라엘 역사학자 유발 하라리의 『사피엔스(*Sapiens*)』 덕분이다. 저자는 인간과 유인원의 공통조상으로부터 분화된 이후 인간이 진화하는 과정 속에서 호모 사피엔스가 어떻게 지구를 점령하고 오늘날까지 이어졌는지 자세하게 설명하면서 호모 사피엔스를 신이 되려고 하는 종으로 규정한다. 그만큼 호모 사피엔스가 인류 역사뿐만 아니라 환경과 지구, 우주에 미치는 영향력이 크다는 의미일 것이다.

이 장에서는 지난 20만 년 동안 호모 사피엔스로 인해 나타났던 여러 가지 변화들을 살펴보고, 그 속에서 인간의 현재와 미래를 생각해보고자 한다.

호모 사피엔스,
인류 역사의 급격한 변화

01

마지막 빙하기와 전 지구적 이동

오늘날 우리는 전 지구적으로 영향을 미치는 많은 문제에 직면하고 있다. 이 가운데 한 가지는 바로 지구온난화이다. 지구온난화는 지구의 평균 기온이 점점 오르는 현상을 의미한다. 많은 학자들은 18세기 중반에 영국에서 시작되어 전 세계적으로 확산된 산업혁명 때문에 석탄이나 석유와 같은 화석연료 사용이 급증했고, 그 결과 대기 중 온실가스 농도 역시 증가했다고 주장한다. 물론 온실가스가 산업혁명 때문에 처음 발생했던 것은 아니다. 이미 약 1만 년 전에 주변 환경으로부터 생존에 필요한 에너지와 식량을 얻는 생활방식인 수렵 채집에서 인간에게 더 많은 식량을 제공해줄 수 있는 동물과 작물을 재배하는 새로운 생활 방식인 농경으로 변화하기 시작하면서 대기 중 온실가스는 계속 증가해왔다. 특히 20세기 초 자동차가 확산되면서 이산화탄소의 방출량은 빠른 속도로 급증하고 있다. 이와 같은 온실가스는 지구 표면에서 발생하는 복사 에너지가 대기를 빠져 나가기 전에 이를 다시 흡수한다. 이것이 바로 지구의 기온이 상승하는 원인이다.

지구온난화······ 한쪽선 '침수위기' 한쪽선 '사막화'

지구온난화로 인한 가장 심각한 현상은 극지방의 빙하가 녹으면서 해수면이 상승한다는 것이다. 해수면의 상승 때문에 해안에 위치한 도시들과 지역들은 바닷속으로 잠기게 된다. 과학자들에 따르면 2002년 이후 남극의 빙하가 점차 감소하고 있으며, 이로 인해 '인도양의 진주'라고 불리는 몰디브나 동남아시아의 방글라데시 등의 지역이 침수될 위험에 처해 있다.

반면 건조한 지역에서는 사막화가 더욱 빠르게 나타나고 있다. 대기나 해수에 변화가 발생하면서 태풍이나 홍수, 가뭄 등의 재난 역시 더욱 빈번하게 발생하고 있다. 이와 같이 지구온난화가 전 지구적으로 미치는 영향을 줄이기 위해 온실가스의 인위적인 방출을 막는 '유엔기후변화협약(UNFCCC)'이나 온실가스 방출량을 평균 5퍼센트 이상 감소시키고자 하는 「교토 의정서(Kyoto Protocol)」를 체결하기도 했다.

2013년 8월에 지구온난화에 대한 사람들의 불안과 걱정을 잘 보여주는 영화가 개봉되었다. 개봉한 지 2주 만에 약 900만 명의 관객들이 관람한 이 영화는 바로 〈설국열차(Snowpiercer)〉이다. 사실 이 영화의 원작은 프랑스 만화이다. 1970년대 시나리오와 그림을 함께 구상하면서 시작되었던 만화는 2000년이 되어서야 비로소 완결되었다. 그리고 우리나라에서 영화로 리메이크됐다. 영화는 지구온난화를 해결하기 위해 각 나라 정부들이 기후 조절 물질을 살포했지만, 물질의 부작용으로 지구에 빙하기가 찾아온 것으로 시작한다. 그곳에서는 1년에 지구를 한 바퀴 도는 설국열차가 유일한 생존 공간인데, 계급에 따라 사람들은 서로 다른 칸에 타야 한다. 그 과정에서 빈민들은 달리는 열차 안에서 반란을 일으킨다. 빙하기라는 위기가 사람들의 생존에 미치는 영향을 잘 보여주고 있다.

빙하기는 영화나 소설에서만 등장하는 것이 아니다. 실제로 45억 년 전에 지구가 탄생한 이후 여러 번의 빙하기가 나타났다. 지질학자들은 5억 7,000만~2억 2,500만 년 전의 시기를 고생대라고 부른다. 이 시기는 다시 캄브리아기, 오르도비스기, 실루리아기의 전기 고생대와 데본기, 석탄기, 페름기의 후기 고생대로 구분된다. 전기 고생대 시기에는 지각의 변화에 따라 산맥과 지형이 생겼고, 북아메리카에 바다와 산이 형성됐다. 후기 고생대 시기에는 따뜻하고 얕은 바다에서 동물과 식물이 번성했다. 물론 여러 차례의 대멸종이 나타나면서 지구에 살고 있는 생명체는 더 다양해졌다.

고생대 동안 빙하기가 두 차례 나타났는데, 첫 번째 빙하기는 약 4억 6,000만~4억 2,000만 년 전에 발생했다. 과학자들은 당시 광합성을 통한 식물 진화로 인해 대기 중 산소가 증가하고 이산화탄소가 감소하면서 빙하기가 발생한 것으로 추정했다. 그리고 두 번째 빙하기는 약 3억 6,000만~2억 6,000만 년 전에 발생했는데, 당시 적도 지역에는 삼림이 발달했던 반면 극지방에서는 빙하가 발달했다.

지질 시대 가운데 가장 새로운 시대를 신생대라고 부른다. 약 6,500만 년 전부터 시작해 지금까지 이르는 시대이다. 다섯 번째 대멸종으로 지구를 지배했던 거대한 공룡이 사라지면서 다양한 종류의 포유류가 등장했고, 인류의 조상들도 출현했다. 과학자들에 따르면 빙하기는 지구 자전축의 변화나 태양 에너지의 변화 등으로 인해 발생했다. 신생대에는 크게 네 번의 빙하기가 나타났고, 이 가운데 세 번째 빙하기는 약 35만 년 전에 시작되었다. 바로 호모 네안데르탈렌시스가 출현했던 시기이다. 이 빙하기는 약 13만 년 전까지 지속되었는데, 이 기간에 현생 인류의 조상이라고 부르는 호모 사피엔스가 출현했다. 그리고 마지막 빙하기는 약 11만 년 전에 시작되어 1만 2,000년 전에 끝났다. 마지막 빙하기 동안 지구에서는 깜짝 놀랄 일이 나타났다. 바로 인류의 전 지구적 이동이다.

원래 자신들이 살던 곳을 벗어나 다른 지역으로 이동했던 최초의 인류는 호모 에렉투스였다. 이들은 약 200만 년 전에 아프리카를 떠나 여러 지역으로 이동했다. 가깝게는 아프리카 남쪽으로 이동했고, 멀리는 유럽 북부와 동남아시아, 그리고 동북아시아까지 이동했다. 지질학자들은 이 시기에 아프리카 판과 아라비아 판이 서로 갈라졌다가 홍해와 걸프만에서 만나게 되었다고 생각한다. 이 지점을 통과하면서 호모 에렉투스가 아프리카에서 벗어나 다른 지역으로 이동할 수 있게 됐다는 것이다.

이와 같은 호모 에렉투스의 이동은 인류 역사상 최초로 아프리카를 벗어나 다른 지역으로 이동했다는 점에서 중요한 역사적 의미를 가지고 있다. 하지만 이와 같은 현상은 이후에 나타난 호모 사피엔스의 이동과 비교한다면 상당히 제한적이라고 할 수 있다.

약 25만~20만 년 전 아프리카 동북부 지역에서 출현한 호모 사피엔스는 약 12만~10만 년 전에 아프리카를 벗어나 중동으로 이동했다. 인류학자들은 이들이 크게 두 가지 길로 이농했을 것이라고 생각한다. 한 가지는 이집트의 나일계곡을 통과해 중동으로 가는 것이었다. 나일계곡의 길이는 1,500킬로미터에 달하지만, 폭은 20킬로미터 내외로 그리 넓지 않다. 따라서 호모 사피엔스는 별다른 어려움 없이 중동으로 이동할 수 있었다.

호모 사피엔스, 아프리카 벗어나 전 지구로 퍼져

또 다른 길은 바로 홍해를 건너는 것이었다. 홍해는 아프리카 대륙과 아라비아반도 사이에 위치한 좁고 긴 바다이다. 『성경』에서 홍해는 매우 중요하다. 이스라엘의 종교 지도자 모세(Moses)가 유대인을 이끌고 이집트를 탈출해 시나이반도로 이동할 때 바다가 갈라지는 기적이 나타난 곳이 바로 홍해이다. 산호류가 많이 살고 있어 바닷물이 붉은빛을 띠기 때문에 사람들은 이 바다를 홍해라고 불렀다. 인류학자들은 빙하기 동안 수면이 얕아진 홍해를 건너 호모 사피엔스가 중동으로 이동할 수 있었다고 주장한다.

5만 년 전부터는 호모 사피엔스가 필리핀이나 인도네시아 등 동남아시아까지 이동했다. 지리학자들은 오늘날 말레이반도와 인도네시아의 여러 섬을 포함하는 지역을 순다랜드라고 부른다. 그리고 자바섬과 수마트라섬 사이의 해협을 순다해협이라고 부른다. 이 해협은 폭이 좁고, 수심이 20미터 내외로 상당히 낮다. 일부 학자들은 마지막 빙하기에 이 지역이 육지였다고 주장한다. 따라서 아프리카에서 이동했던 호모 사피엔스는 별다른 어려움 없이 인도네시아까지 이동할 수 있었다.

하지만 인도네시아에서 오스트레일리아로 이동하는 것은 조금 다른 문제였다. 오스트레일리아와 뉴기니, 태즈매니아 등의 섬으로 이루어진 지역을 사훌이라고 부른다. 지구의 모든 대륙이 하나로 연결됐던 초대륙 판게아는 로라시아와 곤드나와로 분리됐고, 곤드나와는 다시 남아메리카와 아프리카, 인도, 그리고 남극으로 분리되었다. 당시 사훌은 남극과 붙어 있었지만, 약 1억 년 전에 남극으로부터 분리됐다. 빙하기 때 이 지역의 해수면은 상당히 낮았지만 빙하기가 끝난 후에는 아니었다. 따라서 호모 사피엔스가 사훌로 이동하기 위해서는 바다를 건너는 기술이 필요했다. 오늘날의 관점에서 본다면, 이들은 매우 어설프고 단순한 구조를 지닌 뗏목을 만들었고, 이를 타고 사훌로 이동했다. 새로운 지역에 도착한 호모 사피엔스는 해안을 따라 정착하기 시작했다.

호모 사피엔스가 가장 마지막으로 이동한 지역은 바로 아메리카였다. 유럽과 아시아로 이동한 이들 가운데 일부 사람들이 시베리아로 이동했다. 그리고 약 1만 4,000년 전에 이들은 아메리카로 이동했다. 당시 시베리아에서 아메리카로 이동하기 위해서는 베링해협을 지나야만 했다. 베링해협은 태평양 북부의 베링해와 북극해를 연결하는 해협으로 아시아와 아메리카를 분리하는 경계이다. 빙하기 때문에 해수면은 걸어서 이동할 수 있을 정도로 낮았으며, 아메리카로 건너간 호모 사피엔스는 점차 남쪽으로 이동했다. 지금으로부터 약 1만 2,000년 전, 이들은 남아메리카 남쪽 끝에 위치한 티에라델푸에고섬에 도착했다. 16세기초 에스파냐 항해가 마젤란(Ferdinand Magellan)은 이 섬에 도착했을 때 원주민들이 추위를 이기기 위해 항상 모닥불을 피우는 것을 보고 '불의 섬'이라 부르기도 했다.

이제 남극을 제외하고 지구에 호모 사피엔스가 이동하지 않은 지역은 없었다. 아프리카에서 출현한 호모 사피엔스는 빙하기라는 기후 변화 속에서 아프리카를 벗어나 유럽과 아시아, 동남아

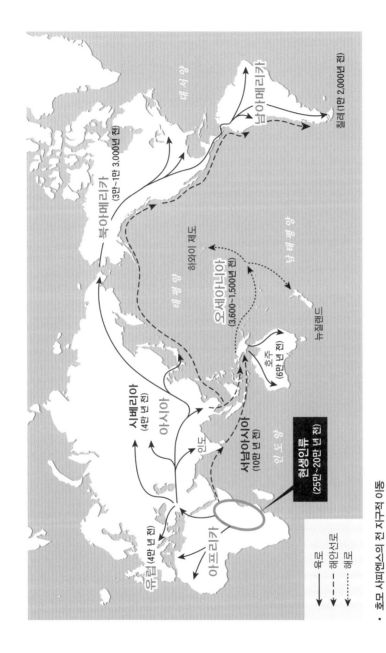

- **호모 사피엔스의 전 지구적 이동**

아프리카에서 출현한 호모 사피엔스는 유럽·아시아·동남아시아·동남아시아·사할까지 이동했고, 빙하기 동안 베링 해협을 건너 아메리카까지 이동했다.

시아, 사훌, 아메리카까지 이동했다. 이런 과정 속에서 서로 다른 지리 환경과 기후에 각자의 방식으로 적응하기 시작했다. 또한 이들이 직접 환경에 영향을 미치기도 했다.

예를 들어, 호모 사피엔스는 아메리카로 이동한 최초의 사람이었다. 이들이 아메리카에 도착했을 때 아시아나 아프리카에는 존재하지 않는 새로운 동물들이 살고 있었다. 바로 말이나 낙타, 대형 땅나무늘보 등이다. 하지만 호모 사피엔스가 도착한 이후 2,000년이 채 지나지 않아 이와 같은 대형 동물들은 모두 멸종했다. 호모 사피엔스가 사냥했기 때문이다. 이와 같은 사실은 인간이 일부 종들을 멸종시킨 것만 의미하지는 않는다. 결과적으로 서로 다른 지역에 살고 있던 호모 사피엔스의 생활 방식이 달라졌기 때문이다.

마지막 빙하기가 끝나고 호모 사피엔스는 더 많은 식량을 얻기 위해 농경을 시작했다. 하지만 이미 대형 동물들이 멸종한 아메리카에 살고 있던 호모 사피엔스는 동물의 노동력을 활용할 수 없었고, 이들의 생활방식은 아시아나 유럽과는 다를 수밖에 없었다.

02

동굴벽화와 호모 사피엔스의 예술 활동

합리주의는 이성적이고 논리적인 것을 강조하는 사상을 의미하고, 실증주의는 사실 그 자체에 대한 과학적 탐구를 강조하는 사상을 의미한다. 이와 같은 사상은 18세기 이후 유럽에서 실험과 관찰을 중요하게 생각하는 과학이 발전함에 따라 사람들의 세계관과 우주관이 변화하면서 나타났다. 하지만 20세기 동안 두 번의 세계대전을 경험하면서 사람들 사이에는 절망과 허무가 증가했다. 그리고 전 세계적으로 널리 확산되었던 합리주의와 실증주의에 대한 반발로 실존주의가 나타났다. 보편적인 정신보다는 개별적인 주체성을 강조하는 사상이라 할 수 있다.

실존주의의 대표적인 철학자 가운데 한 사람이었던 사르트르 (Jean Paul Sartre)는 인간에게는 본질보다 실존이 먼저이며, 본질을 결정하는 신은 존재하지 않기 때문에 인간은 완전히 자유로운 상태에서 자신의 존재 방식을 결정할 수 있다고 주장했다. 이와 더불어 그는 본질이 결정되어 있는 것이 아니기 때문에 개인의 생활방식은 매우 중요하고, 나아가 자유는 인간에게 무거운 짐이 된다고 생각했다. 이처럼 자유와 함께 책임을 강조했던 사르트르는 에스파냐 북부에 위치한 한 시골 마을을 에스파냐에서 가장 아름다운 마을이라고 극찬했다. 바로 산티야나 델 마르이다.

동굴벽화…… 고대인들도 문화를 즐겼다

이 마을에서 '구석기 시대의 박물관'이라고 부르는 동굴벽화가 발견되었다. 동굴벽화란 동굴 안쪽 벽에 그려진 그림을 의미한다. 1868년 에스파냐의 한 변호사는 산티야나 델 마르로 사냥을 갔다가 사냥개를 잃어버렸다. 개를 찾기 위해 주변을 둘러보던 그는 동굴을 하나 발견했지만, 아무것도 발견하지 못했다. 하지만 가족들과 다시 산티야나 델 마르를 방문했을 때 그의 딸이 동굴 천장과 벽에 그려진 그림을 발견했다. 연대 측정 결과, 이 그림들은 약 3만~2만 5,000년 전에 그려진 것으로 밝혀졌다. 이

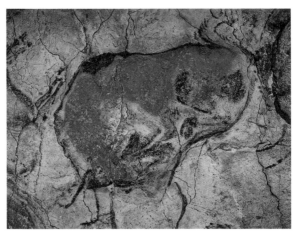

지역에 살고 있던 호모 사피엔스가 그린 것이다. 처음에 많은 고고학자들은 그림이 너무 선명하고, 그 수가 많아 이 그림들이 이렇게 오래전에 그려진 것이라는 사실을 믿지 않았다. 하지만 유럽의 다른 지역들에서도 비슷한 그림들이 그려진 동굴벽화가 발견됨에 따라 점차 많은 학자들이 이 동굴벽화에 관심을 가지기 시작했다. 이것이 알타미라 동굴벽화이다.

알타미라 동굴벽화에는 많은 동물들이 그려져 있다. 이 가운데 학자들이 가장 뛰어나다고 평가하는 그림은 바로 「상처를 입은 들소」라는 그림이다. 볼록 튀어나온 바위에 죽어가는 들소를 그린 이 그림은 마치 오늘날 유명한 화가가 그린 것처럼 매우 뛰어나다. 이 그림을 그린 호모 사피엔스는 들소의 모습을 상당히 자세하게 관찰했다. 기진맥진한 상태로 땅에 쓰러져 있는 모습이나 인간으로부터 자신을 방어하기 위해 머리를 숙이고 있는 모습을 보면 알 수 있다. 이들은 들소의 형태나 윤곽을 상당히 명확하게 그렸고, 어두움과 밝음을 잘 표현했다. 뿐만 아니라 들소의 털까지 자세하게 묘사했다. 들소를 가까이에서 자세하게 관찰하지 않았다면 이렇게 구체적인 부분까지 그림을 그릴 수 없었을 것이다. 또한 이 그림은 여러 가지 색상으로 그려졌다. 호모 사피엔스는 들소의 그림을 그린 후 진한 갈색과 연한 갈색, 노랑, 빨강, 그리고 검정 등 다양한 색상을 여러 차례 덧칠했다. 이와 같은 색상은 주로 주변으로부터 얻을 수 있는 것들이었는데, 학자들은 호모 사피엔스가 나무 열매나 진흙, 색이 있는 돌을 사용했던 것으로 추정하고 있다.

그렇다면 호모 사피엔스가 알타미라 동굴에 이와 같은 벽화를 그린 이유는 과연 무엇일까? 동굴벽화가 그려졌을 당시 호모 사피엔스는 이전에 살았던 다른 종들과 마찬가지로 생존에 필요한 식량과 에너지를 주변 환경으로부터 얻었다. 숲에서는 동물을 사냥하거나 나무 열매를 따 먹고, 강에서는 물고기를 잡아먹었으며, 들에서는 곡물의 낟알을 가져와서 먹었다. 이런 생활방식을 역사학자들은 수렵 채집이라고 부른다. 대부분의 역사학자들이 수렵 채집시대보다 농경시대가, 그리고 농경시대보다 근대가 훨씬 풍요로운 생활을 했다고 생각했다.

그러나 인류학자 살린스(Marshall Sahlins)는 생존에 필요한 것들을 주변에서 얻을 수 있었던 호모 사피엔스가 훨씬 더 풍요로운 생활을 했다고 주장했다. 그는 특히 호모 사피엔스를 비롯해 아프리카 동북부 지역에서 출현했던 여러 종들은 당시 아프리카의 다양한 기후와 자연환경 덕분에 다양하고 영양분이 높은 음식을 먹었다고 주장했다. 무엇보다도 식량으로 선택할 수 있는 음식들이 많았기 때문에 만약 자신들이 원하는 것을 얻지 못해도 다른 음식을 먹을 수 있었다. 또한 이들은 오늘날 우리와 비교했을 때 식량을 얻는 데 훨씬 적은 시간을 소비했다. 쉽게 말하자면, 여가 시간이 훨씬 많았던 것이다. 이러한 점에서 본다면 이 시기에 살았던 호모 사피엔스는 우리보다 풍족하고 여유로운 삶을 살았던 것일지도 모른다.

하지만 이들에게도 생존은 쉽지 않았다. 무엇보다도 자연환경이 변화하면서 주변으로부터 자신들의 생존에 필요한 식량과 음식을 구하는 것이 매우 불안정했다. 따라서 인류학자들은 알타미라 동굴벽화에 그려진 들소나 말, 사슴 등의 동물은 상당히 주술적인 의미를 가지고 있다고 생각했다. 주술이란 초자연적인 존재나 신비한 힘을 통해 인간의 문제를 해결하고자 하는 기술이나 방법을 의미한다. 호모 사피엔스는 정확하게 설명하거나 증명할 수는 없지만, 이와 같은 힘이 존재한다고 생각했다.

사실 이런 생각은 이미 호모 네안데르탈렌시스 사이에서도 나타났다. 오늘날 스위스 지역에 살고 있던 호모 네안데르탈렌시스는 곰을 숭배했는데, 곰이 자신들에게 닥치는 여러 가지 현상을 해결해줄 수 있는 존재라고 믿었기 때문이다. 호모 사피엔스는 이와 같은 사상을 좀 더 발전시켜 단순히 특정 동물이나 영혼을 믿는 것뿐만 아니라 이들에게 자신들의 소원과 바람을 빌었다. 따라서 이들은 동굴벽화에 다양한 동물들을 그렸다. 동물들을 그리면 더 많은 동물을 잡을 수 있을 것이라고 믿었던 것이다.

뿐만 아니라 동굴벽화는 사람들이 접근하기 힘든 안쪽에 주로 그려져 있었는데, 일부 학자들은 호모 사피엔스가 자신들이 잡은 동물을 다른 사람들 몰래 보관하려는 의도가 있었다고 생각한다.

알타미라 동굴벽화에는 동물들만 등장하는 것이 아니다. 동물을 사냥하는 사람의 모습도 그려져 있다. 바로 사냥꾼이다. 호모 사피엔스는 초월적인 힘이나 영혼에게 더 많은 동물을 사냥할 수 있도록 빌었고, 더 많은 동물을 사냥하는 자신들의 모습을 동굴벽화로 그렸다. 사냥꾼 이외에도 인간의 손바닥처럼 보이는 그림도 있다. 아직까지 학자들 사이에서는 이와 같은 그림이 상징하는 것이 무엇인지를 둘러싸고 논쟁이 벌어지고 있다. 어떤 학자들은 호모 사피엔스가 자신들의 존재를 보여주고 알리기 위해 손바닥을 그린 것으로 생각한다. 일부 학자들은 더 많은 동물을 사냥하고자 했던 열망처럼 불안정한 환경 속에서 자신들이 생존할 수 있도록 기원했던 호모 사피엔스의 바람이 손바닥을 통해 나타난다고 주장한다.

'초월적 힘'에게 종족의 안녕을 빌어

이와 같은 그림들이 무엇을 의미하는지 아직 명확하게 밝혀지지는 않았지만, 많은 학자들은 호모 사피엔스가 주술적인 의도나 목적을 가지고 그림을 그렸던 것은 분명하다고 믿고 있다.

알타미라 동굴벽화를 발견한 변호사는 동굴 탐사를 시작했다. 약 4년 동안 그는 여러 동굴벽화들을 발견했고, 결과를 정리해서 책으로 출판했다. 하지만 당시 학회의 반응은 매우 냉담했다. 알타미라 동굴을 방문했던 대부분의 고고학자들은 누군가 최근에 동굴벽화를 그린 것이라고 생각했다. 대부분의 사람들이 동굴벽화가 구석기 시대에 그려진 그림이라고 생각하지 않았기 때문이다. 유명한 에스파냐 화가 피카소(Pablo Picasso)가 알타미라 동굴벽화를 직접 보고 난 다음 "알타미라 동굴벽화 이후 모든 미술은 쇠퇴하고 있다"고 했을 정도이니, 동굴벽화의 수준이 얼마나 높은지 짐작할 수 있다. 많은 학자가 구석기 시대의 그림이라고 믿지 못했던 이유를 짐작할 수 있다. 하지만 이후 여러 지역에서 비슷한 그림들이 발견되면서 1985년 알타미라 동굴벽화는 세계유산으로 등재되었다.

프랑스 도르도뉴에 위치한 라스코 동굴벽화는 1940년에 발견되었다. 이 지역은 이미 호모 네안데르탈렌시스가 르발루아 기법을 사용해 석기를 만들어 사용했던 곳이다. 네 명의 청년들은 할머니로부터 전해 들은 라스코 성으로 이어져 있다는 비밀 통로를 찾기 위한 탐사를 시작했다. 근처 동굴이 바로 그 비밀 통로라고 생각했던 이들은 삽으로 동굴 입구를 파기 시작했고, 연결된 터널을 발견했다. 터널을 지나가던 중 이들은 벽화를 발견했다. 알타미라 동굴벽화가 발견되었던 19세기까지 대부분의 학자들은 구석기 시대의 호모 사피엔스가 특별한 문화를 가지지 않았다고 믿었다. 따라서 이들이 그림을 그리거나 예술을 발전시켰다는 생각조차 하지 않았다. 하지만 라스코 동굴벽화가 발견되면서 이와 같은 편견은 점차 사라지기 시작했다. 수많은 그림들이 그려진 라스코 동굴벽화는 1만 5,000년 전에 그려진 것으로 추정되며 지금까지 발견된 구석기 시대의 유적 가운데 가장 규모가 크다.

라스코 동굴은 크게 세 부분으로 구성되어 있다. 주 동굴과 주변 동굴, 그리고 주 동굴 우측이다. 주 동굴의 벽에는 여섯 마리의 소가 그려져 있는데, 크기가 4~5미터 정도로 매우 크다. 따라서 고고학자들은 이 그림을 한 사람이 그린 것이 아니라 여러 사람들이 함께 그린 것으로 추정하고 있다. 주변 동굴에는 주로 말 그림이 그려져 있다. 주 동굴 우측에는 문양이나 기호가 그려져 있다. 이와 같이 동굴을 구성하는 부분들에 따라 서로 다른 종류의 그림이 그려져 있기 때문에 아마 특정한 목적을 가지고 그림을 그렸을 것이라고 생각할 수 있다.

라스코 동굴벽화를 둘러싸고 학자들은 크게 두 가지 견해를 제시하고 있다. 한 가지는 당시 생활을 기록하기 위해 호모 사피엔스가 이와 같은 그림을 그렸다는 주장이다. 동굴의 여러 부분에 그려진 동물들의 크기가 서로 다르고, 실제 크기와 상당히 비슷하게 그렸기 때문이다. 동물의 그림뿐만 아니라 동물 때문에 죽은 사람의 모습도 그려져 있고, 동굴에서 사람의 생활 흔적도 발견되었다. 하지만 다른 학자들은 동굴벽화가 매우 안쪽에 그려진 점을 고려했을 때 호모 사피엔스가 주술적인 목적으로 이와 같은 그림들을 그렸을 것이라고 생각하기도 한다.

1994년 프랑스 남쪽에 위치한 콤브다르크의 쇼베 동굴에서도 벽화가 발견되었다. 연대 추정 결과, 약 3만 2,000년 전에 그려진 것으로 밝혀졌다. 알타미라 동굴벽화보다 먼저 그려진 것이다. 약 2만 년 전에 동굴이 붕괴되었지만, 입구만 무너졌을 뿐 동굴 내부는 상당히 잘 보존되어 있었다. 쇼베 동굴벽화는 몇 가지 점에서 다른 동굴벽화와 차이점을 가지고 있다.

첫째, 벽화에 등장하는 동물의 종류가 매우 다양하다는 것이다. 알타미라 동굴벽화나 라스코 동굴벽화에서는 당시 호모 사피엔스가 주로 사냥했던 들소나 사슴 등의 동물이 많이 그려져 있었다면, 쇼베 동굴벽화에는 오늘날에는 멸종해버린 여러 종의 동물도 함께 그려져 있다. 대표적인 동물이 바로 동굴사자나 오록스이다. 동굴사자는 빙하기 동안 살았던 동물로 오늘날 사자와는 달리 주로 혼자 살았으며, 기후 변화로 인해 먹이가 부족해져서 멸종했다고 추정된다. 약 4,000년 전에 멸종한 매머드 역시 동굴벽화의 주인공이다. 이와 더불어 하이에나나 표범 등 당시 호모 사피엔스가 사냥하지 않았던 동물들이 벽화에 그려졌다.

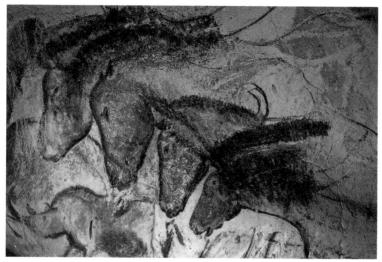

• 쇼베 동굴벽화에 그려진 말

여러 마리의 말이 마치 움직이는 듯한 모습으로 그려져 있다. 특정한 한 시대에 그려진 작품이 아니라 오랜 기간 중첩해서 그려진 것으로 추정된다.

둘째, 특정한 시대의 작품이 아니라는 것이다. 라스코 동굴벽화도 마찬가지이지만, 학자들은 쇼베 동굴벽화의 그림들이 한 사람이 그린 것이라고 생각하지 않았다. 쇼베 동굴벽화에서 가장 사람들의 눈길을 사로잡는 그림은 바로 말 그림이다. 여러 마리의 말들이 마치 움직이는 듯한 모습으로 그려진 이 그림은 약 3만 년 전의 것으로 추정된다. 그 옆에는 사슴의 그림이 있다. 그런데 사슴 그림은 연대 측정 결과, 2만 5,000년 전의 것으로 밝혀졌다. 결국 호모 사피엔스 중 누군가 말 그림을 그렸고, 5,000년

이 지난 다음 그 옆에 다른 호모 사피엔스가 사슴 그림을 그렸다는 것이다. 이러한 점에서 본다면, 쇼베 동굴벽화는 라스코 동굴벽화보다 훨씬 오랜 기간 동안 시간의 중첩과 더불어 그려진 것임을 알 수 있다.

셋째, 쇼베 동굴벽화는 알타미라 농굴벽화나 라스코 동굴벽화와는 달리 대부분 채색이 되지 않았다. 알타미라 동굴벽화의 그림들은 검은색 숯으로 윤곽선을 그리고, 내부를 다양한 색상으로 채색했던 반면, 쇼베 동굴벽화들은 주로 검은색 숯으로 윤곽선만 그렸다. 쇼베 동굴벽화가 다른 동굴벽화들보다 먼저 그려졌다는 점을 생각해보면, 아마도 호모 사피엔스가 처음에는 검은색으로만 그렸다가 점차 여러 가지 색상을 사용하게 된 과정을 알 수 있다. 주변 환경으로부터 다양한 색상을 낼 수 있는 재료들을 활용하면서 채색감이 풍부한 그림으로 발전했다.

19세기 말부터 20세기 동안 발견된 대부분의 동굴벽화는 주로 프랑스나 에스파냐 등 유럽에 위치하고 있다. 이와 같은 사실을 토대로 일부 역사학자들은 유럽에 살고 있었던 호모 사피엔스가 문화와 예술을 훨씬 발전시켰다고 주장했다. 하지만 최근 이와 같은 주장을 반박하는 증거들이 발견되었다. 인도네시아 동남쪽 술라웨시 섬에 위치한 마로스 동굴에서 동굴벽화가 발견

손바닥을 동굴 벽에 대고 그 위에 색상을 뿌린, 스텐실 기법을 활용한 그림이다. 판을 사용해 그린 그림 중 가장 오래된 것으로 알려져 있다.

되었기 때문이다. 동굴벽화의 연대 측정은 우라늄 부식 연대 측정을 통해 이루어졌다. 원소번호 92번에 해당하는 우라늄의 동위원소인 '우라늄-235'와 '우라늄-238'은 시간이 흐르면서 붕괴하여 납이 생성된다. 동위원소가 절반으로 줄어드는 데 걸리는 시간이 반감기이다. 남아 있는 우라늄 동위원소의 양과 새로 생성된 납의 양을 비교하여 연대를 측정할 수 있다. 이 방법은 주로 동굴에서 발견된 유물들의 연대를 측정할 때 사용된다.

마로스 동굴에서 발견된 동굴벽화는 약 4만 년 전의 것으로 밝혀졌다. 지금까지 가장 오래된 동굴벽화로 알려진 쇼베 동굴벽화보다 약 8,000년 이상 먼저 그려진 것이다. 동굴벽화에는 인도네시아에 살고 있던 멧돼지인 바비루사를 비롯해 여러 동물이 그려져 있었다. 뿐만 아니라 인간의 손을 그린 그림도 발견되었다. 마로스 동굴에서 발견된 손 그림은 스텐실 기법을 활용한 그림이다. 다른 동물들의 그림은 나뭇조각이나 돌조각 등을 이용해 전체 윤곽선을 그린 것이라면, 손 그림은 직접 선을 그린 것이 아니라 손바닥을 동굴벽에 대고 그 위에 색상을 뿌린 것이다. 그러고 나서 손을 떼면 손의 윤곽선이 색상대로 나타나게 된다. 과학자들은 바로 이 손 그림이 판을 사용해서 그린 그림 가운데 가장 오래된 것이라고 주장했다.

마로스 동굴벽화는 인류 최초의 예술 활동이 유럽에서 시작되었다는 기존의 주장들을 뒤엎고, 아시아에서도 독자적인 방식으로 예술 활동이 시작되었음을 보여주는 중요한 증거이다. 이와 관련해 일부 인류학자들은 호모 사피엔스가 아프리카로부터 벗어나 유럽이나 아시아 등 다른 지역으로 이동했을 때 이와 같은 예술 기법도 함께 확산된 것이라는 주장을 제기한다. 아직 아프리카에서는 호모 사피엔스의 예술 활동을 보여주는 동굴벽화가 발견되지 않았지만, 이와 같은 가능성이 충분히 존재한다는 것이다. 최근 에스파냐 북부에 위치한 엘 카스티요 동굴에서도 붉은색을 띤 원반 그림이 발견되었는데, 이 그림 역시 약 4만 년 전의 것으로 추정되고 있다. 당시 유럽에 호모 네안데르탈렌시스와 호모 사피엔스가 함께 살고 있었는데, 일부 학자들은 이 그림이 호모 사피엔스의 그림이 아니라 호모 네안데르탈렌시스의 것이라고 주장한다. 만약 이와 같은 주장이 사실이라면, 최초의 예술 활동은 호모 네안데르탈렌시스로부터 시작된 것이라 할 수 있을지도 모른다.

반구대 암각화, 당시 생활상 보여줘

알타미라 동굴벽화나 라스코 동굴벽화, 쇼베 동굴벽화, 그리고 마로스 동굴벽화처럼 그림을 통해 당시 호모 사피엔스의 생활을 보여주고, 여러 가지 주술적인 의미를 상징했던 그림은 우리나라에서도 발견되었다. 울산광역시 울주군 언양읍에는 국보로 지정된 바위가 있다. 바로 반구대 암각화이다. 가로 약 8미터, 세로 2미터 정도 크기의 바위에 고래나 호랑이·사슴·멧돼지·토끼·거북 등 다양한 동물과 고래를 잡거나 사냥을 하는 사람의 모습이 새겨져 있다.

1971년에 발견된 이후 오랫동안 학자들 사이에서는 암각화가 만들어진 시기를 둘러싼 논쟁이 발생했다. 어떤 학자들은 이

암각화가 청동기 시대에 만들어졌다고 주장하는 반면, 다른 학자들은 신석기 시대에 만들졌다고 주장했다. 그러다가 최근에는 신석기 시대에 만들어지기 시작해서 청동기 시대까지 계속 만들어졌다고 생각하는 학자들이 많아지고 있다.

반구대 암각화는 당시 사람들의 생활 방식을 잘 보여준다. 바위에 새겨진 동물들이 주로 사냥 대상이었다는 점에서 학자들은 당시 사람들의 동물들을 많이 사냥하려는 바람과 열망이 이 그림에 반영돼 있다고 주장했다. 물고기를 잡는 배나 그물에 걸린 물고기 그림 역시 더 많은 물고기를 잡고자 하는 사람들의 열망이라는 것이다. 뿐만 아니라 반구대 암각화에는 배가 볼록하게 나온 동물들의 모습도 그려져 있다. 바위에 새겨진 동물의 대부분이 사냥 대상이었다는 점과 배가 볼록하게 표현된 점 등을 통해 학자들은 당시 사람들이 여러 종류의 동물이 많이 번식하고, 그 결과 더 많은 사냥감을 얻을 수 있기를 바라는 의식이 그림에 반영되어 있다고 주장한다.

물고기를 잡는 배나 그물에 걸린 물고기 모습 역시 실제로 이와 같은 현상이 나타나기를 바라는 호모 사피엔스의 열망을 표현한 것이라고 생각한다. 마치 호모 네안데르탈렌시스가 여인상을 만들면서 풍요로움을 빌었던 것과 마찬가지이다. 하지만 학

제4장 호모 사피엔스, 인류 역사의 급격한 변화

자들은 반구대 암각화가 단순히 풍요로움을 기원하는 열망만을 반영하는 것은 아니라고 생각했다. 이들은 반구대 지역이 인간에게 사냥당한 동물과 물고기의 영혼을 위로해주기 위한 주술 및 제사를 함께 행했던 장소라 주장하고 있다.

제사란 죽은 사람을 기리는 의식을 의미한다. 사후세계를 믿었던 호모 네안데르탈렌시스는 죽은 사람에게 꽃이나 동물 등을 바쳤다. 이와 같은 행위는 죽은 사람이 좋은 곳으로 갈 수 있도록 비는 것이었다. 하지만 호모 사피엔스는 사후세계를 믿는 것을 넘어 이를 더욱 추상적인 생각으로 발전시켰다. 이들은 제사를 교류의 행위라고 생각했다. 죽은 사람을 다시 만날 수는 없지만, 제사를 통해 이들을 기리고 교류할 수 있는 방법을 찾기 시작한 것이다. 뿐만 아니라 시간이 흐르면서 호모 사피엔스는 제사를 생명의 근원인 신과 교류하는 행위로 생각하기 시작했다.

이와 같은 생각은 비단 인간뿐만 아니라 인간의 생존을 위해 희생된 다양한 동물들의 영혼을 기리고, 이들을 위로하기 위한 일련의 의식들로 확대되었다. 이러한 점에서 호모 사피엔스의 의식은 호모 네안데르탈렌시스의 것보다 훨씬 복잡하고 정교한 것이라 할 수 있다. 그리고 이와 같은 의식은 다양한 예술 활동을 통해 좀 더 구체적으로 나타났다.

집단학습과 호모 사피엔스의 언어

오늘날 우리는 타인과 서로 다른 생각과 감정을 소통한다. 언어나 문자, 때로는 표정이나 몸짓 등을 통해서 이와 같은 소통이 가능하다. 이러한 현상을 언어학자들은 의사소통이라고 부른다. 20세기 독일 철학자 야스퍼스(Karl Jaspers)는 인간의 철학적·논리적 사고의 근원을 정신 병리학적 현상 속에서 나타나는 개인에 대한 탐구를 통해 찾을 수 있다고 주장했다. 이와 더불어 그는 과학적 연구는 바로 인간의 존재를 구성하고 보여주는 암호를 제대로 해독하는 것으로부터 시작되어야 한다고 생각했다. 그에 따르면 이와 같은 암호는 바로 언어이다. 야스퍼스는 인간이 언어와 더불어 비로소 사유할 수 있다고 주장했다. 사유란 생각뿐만 아니라 구성하고 판단하며 추리하는 것까지 포함한다. 따라서 언어를 제대로 분석하고, 이를 해석함으로써 인간은 개인의 사유뿐만 아니라 다른 사람과의 의사소통을 원활하게 할 수 있다.

사실 언어를 처음 사용했던 사람은 호모 사피엔스가 아니다. 호모 네안데르탈렌시스도 지식과 정보를 알려주는 언어를 사용했지만, 그들의 언어는 명확하지 않았기에 자신들이 가지고 있던 지식을 서로 연결하지 못했다. 이스라엘 역사학자 하라리(Yuval Noah Harari)는 호모 사피엔스가 다른 종들과 비교했을 때 생존할 수 있었던 중요한 골디락스 조건으로 언어의 사용을 지적했다. 그는 언어 사용으로 인해 호모 사피엔스에게 나타났던 변화를 '인지혁명'이라고 부른다.

그렇다면 호모 사피엔스가 사용했던 언어는 과연 어떤 특징을 가지고 있었을까? 바로 야스퍼스가 주장했던 것처럼 해독이 필요했다. 호모 네안데르탈렌시스가 사용했던 언어는 구체적인 사물이나 현상을 지시하는 일차원적 의미를 주로 가지고 있었다면, 호모 사피엔스가 사용했던 언어는 지시적인 의미 외에도 여러 층위의 의미들이 서로 얽혀 있었다. 뿐만 아니라 호모 사피엔스는 언어를 통해 자신들이 가지고 있는 지식과 정보를 서로 교환하고, 이들을 연결하기 시작했다. 호모 네안데르탈렌시스는 결코 하지 못했던 일이다.

생물학적 지식과 정보를 이용해 사회 현상을 이해하고자 하는 시도를 사회생물학이라고 부른다. 좀 더 구체적으로 이야기하면, 사회생물학은 인간을 포함한 동물들의 사회적 행동이 진화과정 속에서 결정된 것이라는 주장을 바탕으로 연구하는 학문이다. 1971년 미국 생태학자 윌슨(Edward Wilson)이 처음 이와 같은 주장을 제기했는데, 그는 인간의 진화 역시 다른 생명체들과 마찬가지로 자연선택을 통해 이루어진다고 생각했다. 다만 인간에게 발생하는 자연선택은 두 가지 층위에서 나타난다. 한 가지는 개별적인 층위이고, 다른 한 가지는 집단적인 층위이다. 그 결과, 개별적인 층위에서는 이기적인 유전자들이 진화하는 반면, 집단적인 층위에서는 이타적인 유전자들이 진화한다고 주장했다.

이와 같은 윌슨의 주장은 '인지혁명'을 강조했던 하라리의 주장과 비슷한 맥락에서 이해할 수 있다. 언어를 통해 개인이 가지고 있던 지식과 정보를 연결하고, 이를 공동체의 지식으로 확대시킴으로써 호모 사피엔스는 다른 종들과 달리 생존할 수 있었기 때문이다.

최근 학문 간 경계를 넘어 서로 다른 학문들끼리 연결함으로써 큰 틀 속에서 공통점과 차이점을 함께 살펴보는 새로운 시도가 나타났다. 바로 빅히스토리(Big History)이다. 지금까지 역사학자들이 인간의 행위만을 역사적 분석 대상으로 삼았던 것을 넘어 빅히스토리에서는 인간뿐만 아니라 다양한 생명체와 지구와 태양계, 더 나아가 우주까지 역사적 분석 범위를 확대시켰다.

빅히스토리, 학문 간 벽 허물고 통합 탐구

이와 같은 광범위한 틀 속에서 빅히스토리는 천문학과 화학·지질학·생물학·역사학·사회학·미래학 등 다양한 학문들이 서로 어떻게 연결되어 있는지, 그리고 이와 같은 연결을 통해 인간과 생명, 그리고 우주에 어떤 변화가 있었는지 살펴본다. 결국 인간 공동체만의 지식이 아니라 생명 공동체와 지구 공동체, 그리고 우주 공동체가 가지고 있는 지식이 어떻게 형성되고 축적되었으며, 또 변화했는지 분석하고자 한다. 언어를 통해 다른 종들보다 효율적으로 지식과 정보를 교환하고 축적하며, 이를 다음 세대에게 전수하는 호모 사피엔스의 능력은 빅히스토리에서도 매우 중요한 현상이다. 이를 집단학습(collective learning)이라고 부른다.

집단학습은 공동체의 층위에서 지식의 교환과 축적이 나타나는 현상을 의미한다. 개인이 가지고 있던 지식과 정보가 점차 증가되고 확대됨에 따라 이와 같이 언어를 사용한 지식과 정보의 교환이 발생했다. 호모 네안데르탈렌시스도 이와 같은 수준에서의 지식 교환은 가능했을 것이다. 하지만 호모 사피엔스는 호모 네안데르탈렌시스와는 달리 성교하고 체계화된 신체 구조를 활용해 상징적이고 추상적인 개념과 생각까지 언어로 표현하기 시작했다. 결과적으로 이들이 교환하는 지식이나 정보는 호모 네안데르탈렌시스의 것과는 비교할 수 없을 정도로 광범위하고 많았다. 이들은 언어를 통해 축적된 지식과 정보 가운데 생존에 필요한 것들을 다음 세대에 효과적으로 전수하기 시작했다. 이와 같은 지식과 정보를 전달받은 세대는 이전 세대와 비교했을 때, 더욱 유용하고 많은 정보를 가지게 된다.

결국 언어를 통해 주로 개인의 층위에서 이루어졌던 지식 교환과 축적이 공동체의 층위로까지 확대된 것이다. 이를 토대로 이후 세대들은 더욱 많은 지식과 정보를 이해할 수 있었다. 지식의 교환과 축적 범위는 더욱 확대되었고 가속화되었다.

몇 년 전에 개봉된 영화 〈루시(Lucy)〉는 호모 사피엔스의 이와 같은 능력을 잘 보여준다. 공통조상으로부터 분화된 이후 자연환경의 변화에 적응하고 진화함에 따라 인간의 뇌 용량은 더욱 커졌다. 하지만 여전히 인간이 사용할 수 있는 뇌 용량은 전체의 약 10퍼센트 내외이다. 과학자들은 뇌를 더 많이 활용하면 더 많은 지식과 정보를 얻게 될 것이라 가설을 세우고, 이를 가능하게 하는 약을 개발했다. 약을 복용한 주인공은 인류가 지구에 탄생한 이후 축적하고 전수했던 수많은 지식을 모두 가지게 된다. 이와 같은 지식 가운데 대부분은 바로 호모 사피엔스가 언어를 통해 집단학습을 수행한 결과 발생했던 것이다.

이러한 점에서 본다면 지금까지 우리에게 전해지고, 또 오늘날 우리가 알고 있는 수많은 지식은 집단학습의 결과이고, 이는 호모 사피엔스의 인지혁명이 발생할 수 있었던 중요한 토대라고 할 수 있다. 그리고 인지혁명을 통해 호모 사피엔스는 자신들보다 훨씬 체격도 크고 뇌 용량도 큰 호모 네안데르탈렌시스보다 오랫동안 생존할 수 있었다.

집단학습의 결과, 호모 사피엔스가 더욱 효과적으로 생존할 수 있었던 사실은 다양한 고고학적 증거들을 통해서도 살펴볼 수 있다. 우리는 마지막 빙하기 동안 호모 네안데르탈렌시스와 호모 사피엔스가 함께 살고 있었다는 사실을 잘 알고 있다. 비록 호모 네안데르탈렌시스가 호모 사피엔스보다 체격이 크고 추위에 잘 적응해왔지만, 이들은 결국 멸종했다.

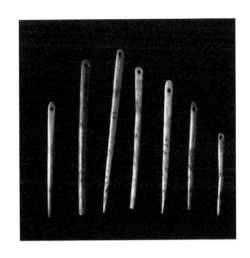

• 크로마뇽인이 발명한 바늘

호모 사피엔스는 바늘을 이용해 몸에 맞는 옷을 만들었다. 이를 통해 빙하기의 혹독한 추위에 견디고 유일하게 생존할 수 있는 종이 되었다.

서로 다른 두 종의 멸종과 생존을 결정했던 중요한 요소 가운데 한 가지는 바로 호모 사피엔스가 발명한 바늘이다. 1868년 프랑스 남서부 레제지에 위치한 크로마뇽 동굴에서 화석이 발견되었다. 발견된 지역의 이름을 붙여 '크로마뇽인(Cro-Magnon man)'이라고 부르는데, 약 4만 5,000~1만 년 전에 살았던 것으로 추정된다. 이들은 동물의 뼈를 이용해 귀가 뚫린 바늘을 만들었다. 그리고 이 바늘을 이용해 몸에 꼭 맞는 옷을 만들었다. 동물의 가죽을 몸 위에 걸쳤던 호모 네안데르탈렌시스와 비교했을 때 혹독한 추위로부터 몸을 훨씬 더 잘 보호할 수 있었다.

제4장 호모 사피엔스, 인류 역사의 급격한 변화

크로마뇽인이 만들었던 것은 비단 바늘만이 아니었다. 오랫동안 호모 네안데르탈렌시스는 봄돌에 타격을 가해 떨어진 파편을 재활용하여 무스테리안 석기를 만들었다. 하지만 호모 사피엔스가 관심을 가진 것은 파편이 아니라 몸돌이었다. 몸돌은 석기를 만들기 위한 돌을 의미하는데, 크로마뇽인은 이것을 늘 가지고 다녔다. 그리고 상황에 따라 몸돌에서 다양한 파편을 만들어 사용했다. 나무나 동물의 뼈, 또는 뿔을 자를 때에는 새기개를 만들어 사용했고, 동물의 가죽을 벗길 때에는 긁개를 만들어 썼다.

뿐만 아니라 이들은 효율적인 무기를 개발하기도 했다. 호모 네안데르탈렌시스가 주로 손에 쥔 석기를 이용해 동물을 사냥했다면, 크로마뇽인은 돌이나 동물의 뼈에 긴 막대기를 붙여 창을 만들었다. 손의 힘이 호모 네안데르탈렌시스보다 강하지 못했기 때문에 이들은 동물을 더 많이 사냥할 수 있는 새로운 도구를 발명한 것이다. 이와 같은 새로운 무기의 발명은 호모 사피엔스가 언어와 집단학습을 통해 습득한 지식과 정보의 교환 및 축적 덕분에 가능한 것이었다. 그 결과, 호모 사피엔스는 생존할 수 있었고, 새로운 방식으로 진화하기 시작했다.

04

농경의 시작, 도시와 국가의 탄생

약 3만 년 전에 호모 사피엔스와 함께 살았던 호모 네안데르탈렌시스가 멸종했다. 이제 지구에서 유일하게 살아남은 인간은 호모 사피엔스뿐이었다. 바늘 덕분에 혹독한 추위 속에서도 멸종하지 않고 생존한 호모 사피엔스는 새로운 환경 변화에 적응해야만 했다. 지금으로부터 약 1만 년 전에 마지막 빙하기가 끝났다. 몇 년 전 「네이처」지에는 바닷속 이산화탄소가 공기 중으로 방출되면서 마지막 빙하기가 끝났다는 연구 결과가 실렸다. 어떤 과학자들은 약 1만 4,000년 전에 지구로 떨어진 운석이 폭발하면서 기후 변화가 발생했다고 주장하기도 한다. 마지막 빙하

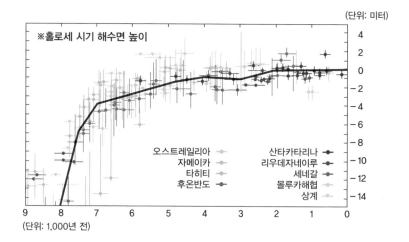

(단위: 미터)

※홀로세 시기 해수면 높이

오스트레일리아	산타카타리나
자메이카	리우데자네이루
타히티	세네갈
후온반도	몰루카해협
	상계

(단위: 1,000년 전)

- **지구의 해수면 상승**
  약 1만 년 전 마지막 빙하기가 끝나고, 지구가 따뜻해지면서 해수면이 상승하기 시작했다. 이와 같은 환경 변화에 적응하는 과정 속에서 인류의 생활 방식도 변화했다.

기가 끝난 이유를 둘러싸고 과학자들 사이에서는 많은 논쟁이 벌어졌지만, 아직 분명한 이유는 밝혀지지 않았다. 그러나 분명한 것은 마지막 빙하기가 끝나면서 지구에 상당히 많은 변화가 나타났다는 것이다.

마지막 빙하기가 끝난 이후 지구에서 가장 먼저 나타났던 변화는 바로 해수면의 상승이었다. 오늘날 우리는 전 지구적으로 영향을 미치는 문제 가운데 하나로 지구온난화를 이야기한다. 이산화탄소를 비롯한 온실가스 배출량이 급증함에 따라 지구의 온도가 점차 높아지고 있다는 것이다. 지구온난화가 미치는 영향 가운데 많은 사람이 가장 심각하게 걱정하는 것은 바로 극지방의 빙하가 녹는 것이다. 빙하가 빠른 속도로 녹기 시작하면서 전 세계적으로 해수면이 상승하고 있다. 그리고 해안가에 위치한 여러 도시들은 바닷속에 잠길 위험에 처해 있다. 지금으로부터 약 1만 년 전에 마지막 빙하기가 끝났을 때에도 비슷한 상황이 발생했다. 당시 아프리카에 살고 있던 호모 사피엔스는 해안 지역을 거주지로 삼고 있었다. 하지만 빙하가 녹으면서 해수면이 상승하자, 이들이 살고 있던 해안 지역이 바닷물에 잠기게 되었다. 당시 해수면이 140미터 이상 높아지면서, 결국 호모 사피엔스는 다른 지역으로 이동할 수밖에 없었다.

호모 사피엔스는 점차 내륙으로 이동하기 시작했고, 새로운 환경과 만나게 되었다. 빙하기 동안 지구의 많은 지역에는 툰드라가 발달했다. 툰드라는 '얼어붙은 평원'이라는 뜻을 가지고 있는데, 키가 작은 나무들이 주로 자란다. 하지만 빙하기가 끝난 이후 지구의 환경은 급격하게 변화하기 시작했다. 특히 아프리카의 많은 지역들에서는 열대 우림이나 사바나가 나타났다. 열대 우림은 기온이 높고 비가 많이 내리는 지역에서 울창한 숲의 형태로 발달한 것을 의미하고, 사바나는 키가 큰 풀이나 키가 작은 나무들이 자라는 환경을 의미한다. 기후 변화에 따른 자연 환경의 변화는 호모 사피엔스들의 생활 방식에 매우 큰 영향을 미쳤다. 당시 수렵 채집 생활을 해왔던 호모 사피엔스의 식량이 환경 변화와 더불어 변화했기 때문이다. 이들이 이전에 즐겨 먹었던, 혹은 주로 먹었던 식량은 사라졌고, 새로운 식량으로 대체할 필요가 있었다. 그리고 호모 사피엔스의 언어와 집단학습은 새로운 식량과 관련된 이들의 지식과 정보를 더욱 확대시켰다.

식량자원 부족하자 농경으로 눈 돌려

환경의 변화에 따른 호모 사피엔스의 지식 확대로 인해 새로운 현상이 나타났다. 인구가 증가하기 시작한 것이다. 빙하기 동안 호모 사피엔스가 식량으로 활용할 수 있는 자원은 그리 많지 않았다. 물론 이들은 대형 동물을 사냥해서 자신들에게 필요한 에너지를 얻었다. 하지만 호모 사피엔스의 과도한 사냥과 극심한 추위 때문에 대형 동물들 가운데 많은 종들이 멸종했다.

가장 대표적인 종은 바로 매머드이다. 약 1만 년 전에 마지막 빙하기가 끝나면서 매머드는 사라졌다. 지금까지 학자들 사이에서 매머드의 멸종을 둘러싸고 많은 논쟁이 발생했다. 일부 학자들은 빙하기가 끝나고 지구 환경이 변화하면서 매머드가 멸종했다고 주장한다. 또 다른 학자들은 혜성 충돌이나 화산 폭발 때문에 매머드와 같은 대형 동물이 사라졌다고 주장한다. 하지만 최근 일부 학자들은 호모 사피엔스가 여러 지역으로 이동하면서 대형 동물의 멸종 역시 비슷한 시기에 발생했다는 점에 관심을 가지고 있다. 결국 인간의 이동과 사냥 때문에 이들이 멸종했다는 것이다.

지구가 따뜻해지면서 인간이 생존에 필요한 에너지원으로 활용할 수 있는 종 역시 다양해졌다. 매머드처럼 몸집이 큰 대형 동물 대신 몸집이 작은 동물들이 등장했고, 이들은 호모 사피엔스의 주된 식량이 되었다. 야생딸기나 호두 등 새로운 식물들이 나타났고, 이 역시 호모 사피엔스의 또 다른 식량 공급원이 되었다. 생존에 필요한 에너지를 새로운 종들로부터 얻게 되면서 호모 사피엔스의 인구는 점차 증가했다. 일부 역사학자들에 따르면 수렵 채집 시대 동안 인구가 두 배로 증가하는 데 수천 년이 걸렸지만 점차 그 속도가 빨라졌다. 인구가 증가함에 따라 호모 사피엔스는 더 많은 식량이 필요했다. 결국 이들은 주변 환경으로부터 식량을 더 많이 얻기 위해 새로운 기술을 개발하기 시작했다. 이와 같은 과정 속에서 나타난 새로운 생활 방식이 바로 농경이다.

일반적으로 많은 사람들은 농경을 작물을 재배하거나, 동물을 기르는 것이라고 생각한다. 하지만 농경은 단순히 작물과 동물을 기르는 것 이외에도 더 많은 생산물을 얻기 위해 필요한 여러 가지 기술과 방법을 개발하는 것까지 포함하고 있다. 지금으로부터 약 1만 년 전에 지구의 여러 지역에서 최초의 농경이 나타났다. 주로 큰 강이 있는 지역에서 발생했는데, 대표적인 곳으로는 메소포타미아의 '비옥한 초승달 지역(Fertile Crescent)'을 들 수 있다. 비옥한 초승달 지역은 서쪽으로는 지중해 근처의 팔레스타인부터 동쪽으로는 이란 고원에 이르는 초승달 모양의 지역을 의미한다. 티그리스강과 유프라테스강이 흐르면서 평야가 발달했기 때문에 이 지역에서 인류 역사상 가장 먼저 농경이 시작되었다. 이 지역에서 처음 재배한 작물은 바로 밀이다. 밀은 오늘날 전 세계적으로 가장 많은 사람들이 섭취하는 작물 가운데 하나이다. 원래 야생에서 재배되었지만 더 많은 낟알을 가진 밀을 얻기 위해 호모 사피엔스는 다양한 종의 밀들을 서로 결합시켰다. 결과적으로 더 많은 밀을 얻게 되었다.

농경이 시작된 지역들에서는 이전에 나타나지 않았던 새로운 변화들이 나타났다. 바로 도시의 출현이다. 일반적으로 도시는 인간의 사회적·정치적·경제적 활동의 중심지가 되는 공간을 의

- **비옥한 초승달 지대**
  티그리스강과 유프라테스강이 흐르는 비옥한 초승달 지역이다. 이 지역에서 인류 역사상 가장 먼저 농경
  이 시작되었고, 도시와 국가, 그리고 제국이 등장했다.

미한다. 그리고 인구가 많이 밀집되어 있는 공간을 의미하기도

한다. 하지만 역사학자들이 시대마다 도시를 정의하는 방식은

매우 달랐다. 고대에는 문명과 문화가 발달했던 지역을 도시라

고 불렀다. 이후 상인이나 수공업자가 물건을 생산하는 지역을

도시라고 불렀으며, 산업화 이후에는 다양성이나 복잡성을 살펴볼 수 있는 공간을 도시라고 불렀다. 하지만 인류학자들은 처음 농경이 시작된 이후 더 많은 생산물을 얻게 되면서 이전보다 많은 사람이 모여 살았던 공간을 도시라고 부른다. 수렵 채집 시대에 호모 사피엔스가 모여 살았던 공간보다 더 많은 사람들이 모여 살고, 더 많은 생산물을 얻을 수 있었던 공간을 의미하는 것이다.

잉여생산물 생기자 '계급사회' 형성

도시의 탄생은 호모 사피엔스의 역사에서 중요한 의미를 지닌다. 수렵 채집 시대 동안 호모 사피엔스의 사회는 상당히 평등했다. 공동체의 규모가 그리 크지 않았기 때문에 언어와 집단학습을 통해 효율적으로 축적된 지식과 정보는 구성원들에게 비교적 평등하게 분배될 수 있었다. 하지만 농경이 시작되면서 생산량이 증가하자 남는 생산물이 발생했다. 역사학자들은 이와 같은 남는 생산물을 잉여 생산물이라고 부른다. 사람들은 잉여 생산물이 많아질수록 이를 어떻게 관리하고 보관할 것인지, 그리고 어떻게 분배할 것인지에 대해 논의하기 시작했다. 이와 같은 권한은 수렵 채집 시대와는 달리 일부 사람들에게 주어졌다. 이들은 농경에 직접 종사하지 않았지만, 잉여 생산물을 관리하고 분

• 수메르에서 발명된 쐐기 문자
잉여 생산물의 관리와 과세를 위해 발명되었다. 쐐기 모양으로 생겨서 쐐기 문자라고 부른다.

배하기 때문에 자신들의 생존에 필요한 식량을 얻을 수 있었다. 바로 관리가 등장한 것이다. 관리의 등장으로 이제 호모 사피엔스의 사회에는 계급이 나타났다. 일부 사람들은 더 많은 잉여 생산물을 가지면서 사회의 지배 계급이 되었고, 다른 사람들은 그들의 지배를 받게 되었다.

관리들은 잉여 생산물을 좀 더 효과적으로 관리하고 분배하기 위해 새로운 체계를 발명했다. 이 가운데 한 가지는 바로 문자이다. 문자는 인간의 언어를 적기 위해 발명한 기호를 의미한다. 문자의 발명으로 호모 사피엔스는 더 효율적으로 언어를 사용할 수 있게 되었다. 문자의 발명으로 이제 지식과 정보의 교환·축적, 그리고 전달은 더욱 효과적으로 이뤄졌다. 인류 역사상 가장 먼저 발명된 문자는 수메르의 문자이다. 수메르는 오늘날 이라크 지역을 의미하는데, 농경이 가장 먼저 시작된 지역 가운데 하나이며 세계 최초의 도시이다. 이 지역에서는 잉여 생산물의 관리와 분배, 회계, 다양한 지식과 정보를 더욱 효과적으로 기록하기 위해 문자를 발명했다. 역사학자들은 이 문자를 쐐기 문자라고 부른다. 쐐기는 목수가 사용하는 도구로 윗부분이 넓고 아랫부분이 좁아 마치 V자처럼 보인다. 쐐기 문자는 주변의 사물들을 이와 같은 모양으로 표기한 것을 의미한다. 수메르 지역에 살고 있던 호모 사피엔스는 진흙판에 쐐기 문자를 새긴 다음 불에 구워 사용했다. 법이나 회계 등과 관련된 다양한 문서들이 쐐기 문자를 이용해 만들어졌다.

수메르의 호모 사피엔스가 쐐기 문자를 만들어 지식과 정보를 체계적으로 기록하고 교환하며 전수했다면, 아메리카의 호모 사피엔스는 약간 다른 형태의 기록 체계를 가지고 있었다. 남아메리카 서쪽에는 해발고도가 6,000미터 이상의 봉우리가 50개 이상 있는 산맥이 있다. 전체 길이가 약 7,000킬로미터에 달하는데, 바로 전 세계에서 가장 긴 산맥인 안데스 산맥이다.

이 지역에서 발전한 잉카 제국은 막대한 영토와 자원, 그리고 인구를 가지고 있던 강력한 국가였다. 북쪽으로는 오늘날 콜롬비아부터 남쪽으로는 칠레에 이르기까지 남아메리카 서쪽 대부분을 지배했다. 이들은 '키푸'라는 재미있는 기록 체계를 발명했다. 키푸는 서로 다른 색깔이나 굵기를 지닌 매듭을 사용해 여러 가지 사물과 현상을 표현했다. 예를 들어, 노란색 끈은 황금을 의미했고, 흰색 끈은 은을 의미했다. 매듭의 형태는 숫자를 의미했는데, 매듭을 한 번 돌려 감으면 1을, 한 번 더 돌려 감으면 2를 의미했다. 이와 같은 체계를 통해 아메리카에 살고 있던 호모 사피엔스는 자신들만의 기록 체계를 발전시켰다.

지배 계급이 나타나고 문자가 발명됨에 따라 호모 사피엔스의 사회에 이전과 전혀 다른 변화들이 나타났다. 도시의 규모는 더욱 커졌고, 인구도 계속 증가했다. 그리고 이제는 강제적인 권력을 동원해 질서를 유지하는 새로운 정치 공동체가 나타났다. 바로 국가이다. 국가를 지배하는 계급은 자신들의 부와 권력을 널리 과시하고, 엄격한 계급 제도를 통해 국가를 유지하고자 했다.

이를 위해 지배자들이 시행한 것은 바로 대규모의 건축물을 건설하는 것이었다. 오늘날 이라크 남쪽 지역에 위치한 우르에는 지구라트가 있다. 이는 하늘의 신과 지상의 인간을 연결하기 위해 만든 건축물이다. 높이는 약 18미터 정도인데, 이와 같이 높은 건축물을 만들기 위해서는 수많은 사람들이 동원되어야 했다. 따라서 지구라트는 당시 이 지역 지배자들의 막강한 부와 권력을 잘 보여주는 건축물이라고 할 수 있다.

지금으로부터 약 1만 년 전 호모 사피엔스는 마지막 빙하기가 종식되고 지구가 점점 따뜻해짐에 따라 새로운 방식으로 진화해야만 했다. 언어와 집단학습을 통해 주변 환경에 대한 지식과 정보가 축적되고 증가함에 따라 이들은 자신들이 살고 있는 환경에 대해 더 많은 정보를 가지게 되었고, 이와 같은 골디락스 조건 덕분에 수렵 채집을 통해 생존했던 호모 사피엔스와는 전혀 다른 방식으로 생존하기 시작했다.

더 많은 생산물을 얻기 위해 야생에 살고 있던 작물과 동물을 키우기 시작했고, 이후 잉여 생산물이 증가함에 따라 호모 사피엔스의 사회에는 새로운 변화들이 나타났다. 바로 도시와 국가의 탄생이다. 이후 전 세계적으로 도시와 국가가 발생하면서 이들은 점차 새로운 문화를 발전시켰다. 이러한 점에서 마지막 빙하기의 종식과 지구온난화라는 환경 변화는 호모 사피엔스의 새로운 생활 방식과 문화가 등장할 수 있었던 중요한 계기라고 할 수 있다.

05

글로벌 네트워크의 형성과 발전, 그리고 상호연결

에스파냐 안달루시아 지역에 위치한 세비야는 대형 선박의 출입이 가능한 항구 도시이다. 1492년 바로 이곳에서 인류의 역사에서 중요한 사건이 발생했다. 콜럼버스가 세비야를 출발해 항해를 시작한 것이다. 그의 항해는 인도와 동남아시아에서 생산되는 향신료를 유럽으로 가져오기 위한 것이었다. 하지만 거리 계산을 잘못했던 그가 도착한 곳은 인도가 아닌 오늘날의 바하마였다. 이 지역에서는 향신료가 생산되지 않았기 때문에 콜럼버스는 유럽인에게 인기가 있는 다른 상품을 찾아야만 했다.

유럽인이 도착하기 이전부터 이 지역에 살고 있었던 아메리카 원주민을 관찰한 결과, 그는 이 지역에 은이 매장되어 있다는 사실을 알게 되었다. 이후 그는 아메리카 원주민의 노동력을 착취해 은을 채굴하기 시작했다. 아메리카 원주민은 강제로 은 채굴 작업에 동원되었고, 그들에게는 매일 채굴해야 하는 할당량이 주어졌다. 할당량을 채우지 못한 아메리카 원주민에게는 가혹한 체벌이 주어졌는데, 심각한 경우에는 손이나 발을 자르기도 했다. 그야말로 아메리카 원주민에게 유럽인은 공포 그 자체였다.

아메리카 원주민에게 재앙과 공포를 초래했던 유럽인은 비단 콜럼버스의 일행뿐만이 아니었다. 오늘날 멕시코 동남쪽에는 유카탄반도가 위치해 있다. 이 지역은 생명과 지구의 역사, 심지어 인류의 역사에서 매우 중요한 지역이다. 약 6,500만 년 전에 발생했던 다섯 번째 대멸종의 원인으로 추정되는 소행성이 바로 이 지역에 충돌했기 때문이다. 유카탄반도의 소행성 충돌로 인해 당시 지구를 지배하고 있었던 대형 파충류인 공룡이 멸종했다. 만약 이때 소행성이 충돌해서 기후 변화와 급격한 지구 환경의 변화가 발생하지 않았다면, 오늘날 우리는 전혀 다른 모습으로 살고 있을지도 모른다.

16세기 초 에스파냐의 시골 귀족 코르테스(Hernán Cortés)는 바로 이 유카탄반도에 식민지를 건설하기 위해 파견된 사람들 가운데 한 사람이었다. 그는 당시 약 600명의 에스파냐 군대를 이끌고 이 지역으로 이동했는데, 당시 아프로-유라시아에서 만연했던 전염병 가운데 천연두가 이들과 함께 아메리카로 이동했다. 이전에 한 번도 천연두에 감염된 적이 없었던 아메리카 원주민의 대부분은 치명적인 전염병 때문에 급속하게 감소하기 시작했다. 결국 600명의 에스파냐 군대가 당시 이 지역을 지배하고 있던 인구 500만 명 이상의 아스테카 왕국을 멸망시켰다. 16세기 초 피사로(Francisco Pizarro)도 아메리카를 식민지로 만들기 위해 이동했다. 그는 잉카 제국의 황제 아타우알파(Atahuallpa)를 포로로 삼은 다음 엄청난 양의 금과 은을 요구했다. 하지만 약속을 지키지 않고 황제를 죽였고, 결국 잉카 제국은 에스파냐에 의해 몰락했다.

'콜럼버스 데이' 엇갈리는 시각차

오늘날 미국은 매년 10월 둘째 주 월요일을 '콜럼버스 데이(Columbus Day)'로 기념하고 있다. 콜럼버스가 아메리카로 이동했던 것을 기념하는 날이다. 실제로 콜럼버스가 도착한 곳은 오늘날 미국이 위치한 곳이 아니라 중앙아메리카였다. 하지만 다양한 인종과 민족이 함께 살고 있는 미국에서 많은 사람들은 아직도 자신들이 영국이나 프랑스, 에스파냐 등과 같은 유럽인의 후손이라 생각하고 있다. 이들 가운데 어떤 사람들은 유럽이 아닌 다른 지역에서 이주했던 사람들을 자신들보다 열등한 사람들이라고 생각하기도 한다. 따라서 자신들이 유럽인의 후손이라는 사실을 자랑스럽게 여기는 사람들은 콜럼버스 데이를 기념일로 지켜야 한다고 주장한다. 그러나 최근 이에 대해 반대의 의견을 주장하는 사람들도 증가하고 있다. 이들은 콜럼버스가 아메리카 원주민들을 무자비하게 다루고, 학살했던 증거들을 제시하면서 콜럼버스가 아메리카에 도착했던 날은 아메리카 원주민에게 그야말로 탄압과 학살이 시작된 날이라고 강조하고 있다.

이와 같이 콜럼버스를 비롯한 유럽인의 아메리카 이동은 역사학자뿐만 아니라 많은 사람들에게 논쟁의 대상이 되고 있다. 약 1만 2,000년 전에 마지막 빙하기 동안 아시아와 시베리아로 이동했던 호모 사피엔스 가운데 일부 사람들은 얼어붙은 베링해협을 건너 아메리카로 이동했다. 이후 상당 기간 동안 아메리카는 고립된 상태에서 독자적인 문화가 발전했다. 그 결과, 오랫동안 많은 역사학자들은 콜럼버스가 아메리카를 발견했다고 주장했다. 뿐만 아니라 콜럼버스가 아메리카로 이동한 최초의 유럽인이라고 주장하기도 했다.

하지만 이미 11세기에 콜럼버스보다 먼저 아메리카로 이동했던 유럽인이 있었다. 바로 바이킹이다. 스칸디나비아 반도에 살고 있던 이들은 여러 지역을 돌아다니면서 교역을 담당했던 사람들이었다. 그러다가 인구 증가와 식량 등의 문제로 프랑스나 영국 등의 지역으로 이주했고, 결국 아메리카로까지 이동했다. 이들이 도착했던 지역은 오늘날 캐나다 남동부에 위치한 뉴펀들랜드였다. 이 지역에서 바이킹은 포도를 재배하면서 정착지를 형성했지만, 오랫동안 지속되지는 못했다. 이후 아메리카로 이동한 사람들이 바로 콜럼버스와 에스파냐 사람들이었다.

콜럼버스의 항해 덕분에 당시 유럽인이 인식하지 못했던 세계인 아메리카에 대한 관심이 증가하기 시작했다. 많은 역사학자들은 아프로-유라시아를 구세계라고 불렀고, 아메리카를 신세계라고 불렀다. 유럽인이 아메리카로 이동하면서 두 세계 사이의 교환이 나타났다. 이와 같은 교환은 일방적인 것이 아니라 쌍방적인 것이었다. 아프로-유라시아에서 아메리카로 사탕수수나 커피, 포도, 말 등의 작물과 동물이 이동했으며, 천연두와 같은 치명적인 전염병도 함께 이동했다. 그리고 아메리카에서 아프로-유라시아로 옥수수와 감자·호박·칠면조 등이 이동했다.

구세계와 신세계 사이에서 발생했던 이와 같은 교환은 그야말로 지구 전체의 생태 환경을 변화시켰다. 유럽인이 아메리카로 이동한 이후 아메리카 생태계는 급격하게 파괴되었다. 그리고 밀이나 쌀 등 아프로-유라시아에서 재배되었던 작물들이 급속하게 확산되었다.

콜럼버스의 항해 이전까지 유럽인이 인식했던 세계는 매우 제한되어 있었다. 이들은 아프리카와 유럽, 그리고 아시아의 일부만을 세계로 알고 있었다. 이와 같은 상황은 우리나라에서도 크게 다르지 않았다. 아프리카 최남단에 위치한 나라는 남아프리카공화국이다. 몇 년 전 남아프리카공화국에서는 세계에서 가장 오래된 세계지도 전시회가 열렸다. 전시회를 기획한 사람들은 이 지도가 중국 명나라에서 만들어진 것이라고 설명했다.

아프리카 모양 정확히 그린 조선의 「강리도」

하지만 사실 이 지도는 우리나라에서 만들어진 지도였다. 원나라 때 제작된 지도를 토대로 조선을 상세하게 그려놓은 세계지도였다. 1402년에 조선에서 만들어진 이 지도는 바로 「혼일강리역대국도지도(混一疆理歷代國都之圖)」, 이른바 「강리도」이다. 「강리도」가 중요한 이유는 바로 이 지도에 역삼각형 모양의 아프리카가 정확하게 그려져 있기 때문이다. 콜럼버스가 인도로 항

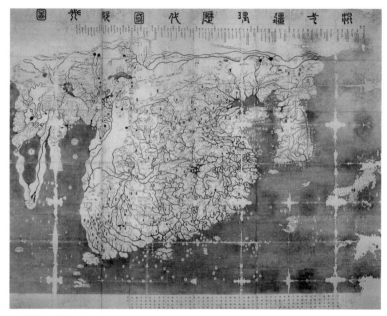

- **「혼일강리역대국도지도」**
  1402년에 우리나라에서 제작되었다. 현존하는 세계지도 가운데 가장 오래된 세계지도이다. 역삼각형 모양의 아프리카가 정확하게 그려져 있는데, 이는 유럽인이 아프리카의 모양을 인식했던 것보다 1세기 이상 앞선 것이다.

해를 떠났던 1492년에 유럽인은 아프리카의 모양에 대해 정확하게 알지 못했다. 따라서 아프리카 남쪽을 돌아 인도로 항해할 수 있다는 사실을 몰랐다.

　유럽인이 이와 같은 사실을 알게 된 것은 1488년 포르투갈 선장 디아스(Bartholomeu Diaz)가 아프리카 남쪽의 희망봉을 발견한 이후였다. 그런데 유럽인보다 약 80년 전에 조선의 지식인들은 아프리카의 남쪽을 돌아 인도와 아시아로 항해할 수 있다는 사실을 이미 알고 있었다. 이와 같은 지리 정보는 우리나라에서 제작된 세계지도에도 잘 반영되어 있다. 하지만 1402년에 제작된 「강리도」 원본이 사라졌고, 이후 남아 있는 사본 가운데 가장 오래된 것은 일본에서 보관하고 있기 때문에 우리나라에서 만든 가장 오래된 세계지도는 역사적으로 제대로 평가받지 못하고 있다. 호모 사피엔스가 발전시켰던 언어와 문자를 통해 수많은 지식과 정보가 교환·축적되었고, 15세기 초 조선 지식인들의 세계에 대한 지식과 정보는 바로 「강리도」를 통해 표현되었다.

많은 역사학자들은 콜럼버스의 항해 이후 아프로-유라시아와 아메리카가 하나의 네트워크로 연결되었다고 주장해왔다. 그리고 이와 같은 글로벌 네트워크의 형성에 유럽인이 매우 중요한 역할을 담당했다고 강조했다. 하지만 「강리도」를 통해 우리는 유럽인보다 우리가 당시 세계와 관련된 지식이나 정보를 더 많이 가지고 있었다는 사실을 알 수 있다. 이는 특히 15세기 초 중국에서 시작된 항해를 통해서도 잘 알 수 있다.

1405년 명나라는 대규모의 원정대를 파견했다. 원정에 사용된 배는 무려 65척이었고, 선원 수는 약 2만 7,000명 이상이었다. 약 90명의 선원을 세 척의 배에 태워 인도로 가는 항로를 발견하고자 했던 콜럼버스의 항해와 비교해본다면 그야말로 엄청나게 큰 규모였다. 뿐만 아니라 명나라의 원정에 사용되었던 선박은 1,500톤 규모였던 반면, 콜럼버스의 선박은 약 250톤 정도였다. 가장 큰 배는 약 8,000톤 이상이었다고 한다. 더욱이 명나라의 선박은 물이나 쌀, 군대, 그리고 중국에서 생산되는 비단이나 도자기 등 값비싼 상품이 가득했기 때문에 당시 사람들은 이 원정대를 '보물선'이라고 불렀다.

보물선을 총 지휘했던 사람은 정화(鄭和)였다. 원래 이름은 마화(馬和)였는데, 많은 역사학자들은 그가 서역에서 중국으로 이주한 이슬람교도라고 생각한다. 인류 역사상 가장 넓은 영토를 지배했던 제국은 바로 몽골 제국이었다. 몽골 제국의 관리들 가운데 문서 작성이나 재무 등의 업무를 담당했던 사람들은 제국에 편입된 지역들의 현지 언어를 잘하는 사람이거나 이슬람교도와 같은 색목인이 많았다. 정화 역시 몽골 제국이 번영했을 당시 중국으로 이주했던 이슬람교도의 후손으로 추정된다.

1405년 그는 당시 명나라 황제였던 영락제의 명령으로 대규모의 원정을 떠났다. 영락제가 이와 같은 원정을 시행한 것과 관련해 역사학자들은 다양한 이유를 설명한다. 영락제가 왕위를 빼앗자 도망친 조카 건문제를 찾기 위해서였다고 주장하는 사람

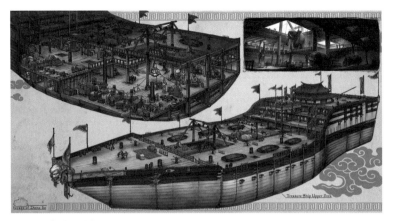

- **정화의 원정에 사용된 보물선**
  콜럼버스의 항해와 비교했을 때 엄청나게 큰 규모였으며, 값비싼 상품들이 가득했기에 '보물선'이라고 불렸다.

들도 있고, 어떤 사람들은 이미 오래전부터 존재했던 비단길이나 바닷길을 통해 교역을 확대시키기 위해서였다고 주장하기도 한다. 또 일부의 사람들은 영락제가 동남아시아를 비롯한 여러 지역에 중국의 위세를 보여주고 원활한 국제 관계를 유지하기 위해 원정대를 파견했다고 생각했다.

대규모 원정의 목적이 무엇이었는지 정확하게 밝혀지지 않았지만, 이 원정은 1405년부터 1433년까지 모두 7차례에 걸쳐 시행되었다. 원정대는 난징에서 출발해 오늘날 베트남과 말레이시아, 인도네시아, 인도, 아라비아 반도를 거쳐 아프리카 동북부 지역까지 항해했다. 오늘날 소말리아의 수도인 모가디슈와 아라비아와 홍해를 연결하는 아덴만에도 도착한 것이다. 1402년 조선에서 만들어진 「강리도」에서도 잘 드러나듯이 당시 동북아시아에 살고 있던 사람들에게 세상의 중심은 중국이었고, 인도와 아프리카, 유럽의 일부 지역들에 대해 일고 있었던 반면에, 아메리카에 대해서는 전혀 인식하지 못했다. 이와 같은 점을 생각해본다면, 정화의 원정대는 그야말로 당시 동북아시아에 살고 있던 사람들이 인식하고 있던 대부분의 세상을 항해했던 것으로 볼 수 있다. 그야말로 세계 최대 규모의 원정이자 최초의 세계 일주였던 것이다.

마젤란보다 100년 앞선 정화(鄭和) 원정대

오랫동안 유럽의 역사학자들은 세계 최초로 세계 일주를 했던 사람이 에스파냐 탐험가 마젤란이라고 주장했다. 1519년 마젤란은 다섯 척의 선박과 300명이 안 되는 선원과 함께 인도에 향신료를 얻기 위해 항해를 시작했다. 마젤란은 남아메리카 남단을 돌아 필리핀에 도착했다.

그리고 몰루카제도에 도착했다. 오늘날 인도네시아 동쪽 끝에 위치한 몰루카제도는 향신료의 섬이다. 당시 유럽인에게 매우 인기가 높았던 후추뿐만 아니라, 계피·정향·육두구 등이 많이 재배되고 있었다. 달콤한 맛과 자극적인 향을 가진 정향은 몰루카 제도가 원산지인데, 약재나 화장품의 재료, 진통제로 사용된다. 육두구 역시 몰루카 제도가 원산지로써 유럽에서는 주로 생선이나 피클, 소스 등을 만들 때 사용되었다. 비록 이 항해에서 마젤란이 원주민과의 전쟁에서 사망했지만, 남은 선원들은 값비싼 향신료를 가득 싣고 에스파냐로 돌아왔다. 이후 역사학자들은 마젤란이 세계 최초로 세계 일주를 했다고 생각했다.

하지만 세계 일주를 위한 원정대의 규모나 선박의 크기를 비교해본다면 마젤란의 항해보다 정화의 원정이 훨씬 대규모였음을 알 수 있다. 뿐만 아니라 마젤란의 항해는 유럽에서 출발해 당시 전혀 인지하지 못했던 아메리카를 돌아 몰루카제도에 도착했던 반면, 정화의 원정은 동남아시아의 여러 지역과 인도, 아라비아반도, 심지어 아프리카까지 당시 사람들이 인식하고 있었던 세계의 대부분 지역들을 항해했다. 더욱이 정화의 원정은 마젤란의 항해보다 100년 이상 앞선 것이었다. 언어와 문자를 통해 호모 사피엔스는 수많은 지식과 정보를 연결했고, 정보와 지식의 축적을 통해 세계관이 확대되기 시작했다. 이제 호모 사피엔스의 대장정은 지구 전체가 하나로 연결된 것이다.

06

산업화와 인류세

"어느 날 아침에 눈을 뜨니 유명해졌다." 19세기 초 영국 시인
이 한 말이다. 매우 잘생겼지만 선천적으로 발에 기형이 있었던
그는 바로 바이런(Geroge Gordon Byron)이다. 1810년에 상원의원
이 된 그의 첫 의회 연설은 법안 통과 반대였다. 1811년 영국 잉
글랜드 중부에 위치한 노팅엄에서 노동자들이 폭동을 일으켰다.
산업혁명이 시작된 이후 영국에서는 기계를 이용해 면직물을 생
산했는데, 당시 프랑스와 전쟁 중이었기 때문에 경제적인 상황
이 좋지 않았다. 하지만 많은 노동자들은 이와 같은 경기 불황이
기계 때문이라고 생각했다. 이들은 기계 파괴를 주장했는데, 역

- **러다이어트 운동**

영국에서 경기 불황을 기계 탓이라고 생각한 노동자들이 기계 파괴를 주장하면서 발생했던 운동이다.

사학자들은 이를 '러다이트 운동'이라고 부른다. 당시 영국 의회는 기계를 파괴했던 노동자들을 사형할 수 있는 법안을 통과시켰다. 바이런은 바로 이 법안에 반대한 것이다. 그는 빈곤이 아니었다면 노동자들이 이와 같은 범죄를 저지르지 않았을 것이라고 강력하게 주장했다.

세상을 바꿔놓은 '증기기관 발명'

이와 같은 풍경은 19세기 동안 영국에서 쉽게 볼 수 있었다. 영국은 전 세계적으로 가장 먼저 산업혁명을 시작했다. 이런 변화는 새로운 연료 사용 덕분에 가능했다. 14세기 초부터 19세기 초까지 마지막 빙하기 이후 가장 추웠던 시기가 나타났다. 지질학자들은 이 시기를 '소빙기(Little Ice Age)'라고 부른다. 소빙기 동안 내내 추웠던 것은 아니지만 겨울이 길어지고 추위가 극심해지면서 목새 수요량이 증가했다. 당시 전 세계의 많은 사람들이 난방용으로 목재를 사용했기 때문이다. 하지만 목재 공급량은 이내 바닥을 드러냈다. 오히려 수요가 급증함에 따라 목재 가격은 하루가 다르게 치솟았다. 결국 사람들은 새로운 연료를 찾아야만 했다.

당시 영국에서 목재 대신 사용하기 시작한 새로운 연료는 바로 석탄이다. 석탄은 오랫동안 땅에 묻혀 있던 식물이 열이나 압력 때문에 탄소가 풍부한 물질로 변한 것이다. 영국은 지질학적으로 석탄이 풍부했다. 처음에는 땅 위에 있는 석탄을 사용했다가 점차 수요량이 증가함에 따라 지하에 묻힌 석탄을 채굴하기 시작했다. 하지만 이와 같은 과정에서 심각한 문제가 발생했다. 바로 탄광에 물이 고이기 시작한 것이다. 결국 석탄을 더 많이 채굴하기 위해 탄광에 물을 효과적으로 빼낼 수 있는 기술이 개발되었는데 이것이 바로 증기기관이다. 많은 사람들이 당시 영국 발명가 와트(James Watt)가 증기기관을 발명했다고 주장한다. 하

• **미국의 서부와 중부를 연결하는 대륙횡단철도**
두 개의 회사가 함께 건설한 철도이다. 이는 유타주의 프라먼토리에서 만나서 연결된다.

지만 와트는 자신이 발명한 증기기관과 뉴커먼(Thomas Newcomen)
이 발명했던 것을 개량해서 사용하기 편한 증기기관을 만들었다.

이후 증기기관은 석탄 채굴뿐만 아니라 여러 가지 분야에서
사용되기 시작했다. 증기기관차 덕분에 전 세계적으로 철도가
건설되기 시작했다. 철도는 이전보다 더 빨리, 더 많은 사람과 상
품을 운반했다. 철도 건설뿐만 아니라 이와 관련된 여러 가지 산
업도 발전했다. 기관차를 만들기 위해 철강 산업이 발전했고, 철
도 레일을 깔기 위해 토목 산업이 발전했다. 이와 더불어 철도 건
설에는 수많은 노동력이 필요했다. 1869년 미국에서는 서부와

중부를 연결하는 대륙횡단철도가 완공되었다. 두 개의 회사가 함께 철도를 건설했는데, 한 회사는 캘리포니아주 새크라멘토에서 철도를 건설하기 시작했고 다른 회사는 아이오와 주 카운슬 블라프스에서 철도를 건설했다. 이 두 회사에서 건설한 철도는 유타 주의 프라먼토리에서 만나 연결되었다. 이 철도를 건설하는 데 약 5,000명의 노동자가 동원되었는데, 이 가운데 3,000명 이상은 바로 중국에서 이주했던 사람들이었다.

철도와 증기선의 등장…… 대량 수송 시대로

증기기관은 철도뿐만 아니라 선박에서도 사용되었다. 증기기관을 동력으로 사용해 선박이 움직일 수 있도록 한 것이다. 유럽인은 중국이나 이슬람으로부터 장거리 항해에 필요한 돛을 만드는 방법을 배웠는데, 증기기관을 사용하게 되면서 더 이상 돛은 필요하지 않았다. 15세기만 하더라도 중국의 선박이 유럽의 선박보다 훨씬 컸지만, 증기기관을 사용하면서 유럽의 선박 역시 커졌다. 철도와 마찬가지로 더 많은 물건과 사람을 운송할 수 있게 되었다. 당시 산업혁명이 발달했던 영국과 미국 사이에는 대서양을 정기적으로 오가는 증기선이 운항되기 시작했고, 사람들의 생활은 매우 빠르게 변화했다. 철도 덕분에 농촌에서 도시로 이주하는 사람이 급증했을 뿐만 아니라 바다를 건너 새로운 국가로 이주하는 사람의 수도 급증하기 시작했다. 증기선과 더불어 전 세계적으로 대규모의 인구 이동이 나타난 것이다.

1912년 4월, 영국 남부에 위치한 항구도시인 사우샘프턴을 출발해 미국 뉴욕으로 향하던 선박이 뉴펀들랜드 근처의 바다에서 침몰했다. 많은 과학자들은 이 선박의 침몰이 빙산과 충돌했기 때문이라고 주장한다. 당시 사고가 발생했던 선박은 20층 높이의 4만 6,000톤 이상으로써 전 세계적으로 가장 큰 선박이었다. 정화의 선박과 비교한다면 무려 30배 이상 큰 선박이다. 유럽인이 이와 같은 대규모 선박을 만들고, 운행할 수 있었던 것은 바로 산업혁명과 증기기관 덕분이었다. 당시 영국 정부는 이 사고로 약 2,200명의 탑승자 가운데 1,500명 이상이 사망했다고 밝혔다. 인류 역사상 바다에서 발생했던 가장 큰 규모의 이 사고는 바로 '타이태닉(Titanic)'호 침몰이었다. 그야말로 심각한 비극이 아닐 수 없었다.

하지만 이와 같은 엄청난 사고에도 증기기관은 더 널리 사용되기 시작했다. 공장에서도 새로운 동력으로 증기기관을 사용하면서 대량으로 상품을 생산하기 시작했다. 산업혁명 초기에 노동자들이 파괴했던 기계 역시 더욱 많이 사용되었다. 그 결과, 영국을 비롯한 유럽의 일부 국가들에서는 상품을 생산하기 위해 필요한 원료와 상품을 만들 수 있는 노동력과 만들어진 상품을 판매할 수 있는 시장이 더 많이 필요해졌다. 이제 유럽의 국가들은 나머지 지역들을 자신들의 식민지로 만들고자 했다. 이와 같은 과정에서 증기선을 군함으로 사용했다. 19세기 중반까지 전 세계 GDP의 3분의 2는 중국과 인도에 집중되어 있었다. 하지만 산업혁명 이후 유럽은 아프로-유라시아 네트워크의 주변부에서 점차 중심부로 이동하면서 부상하기 시작했다. 더 많은 식민지를 가진 국가가 강대국이 되면서 유럽의 일부 국가들 사이에서는 식민지를 둘러싼 분쟁이 나타났다. 이는 결국 대규모의 전쟁으로 이어졌다. 바로 제1차 세계대전이다.

제1차 세계대전이 끝난 지 얼마 되지 않아 인류는 다시 한 번 대규모의 전쟁을 경험했다. 특히 제2차 세계대전은 전체 인류에게 엄청난 충격을 주었다. 전쟁을 끝내기 위해 지금까지 인류역사 속에서 가장 강력한 무기였던 원자폭탄을 사용했기 때문이다. 20세기의 유명한 과학자 아인슈타인(Albert Einstein)도 참여했던 이른바 '맨해튼 프로젝트(Manhattan Project)'의 목표는 전쟁을 일으켰던 독일보다 먼저 원자폭탄을 만드는 것이었다. 하지만 1945년 8월에 일본 히로시마와 나가사키에 원자폭탄이 투하

• 히로시마 원자폭탄
제2차 세계대전 기간 일본 히로시마에 투하된 원자폭탄이다. 이로 인해 도시 전체 인구의 약 3분의 1이
사망하거나 부상을 당하는 큰 피해를 입었다.

되자 수많은 사람이 원자폭탄의 위력에 놀랄 수밖에 없었다. 히
로시마의 경우, 원자폭탄 투하로 도시 전체 인구의 약 3분의 1이
사망하거나 부상을 당했고, 생존자들은 아직까지도 심각한 고통
에 시달리고 있다. 그야말로 끔찍한 일이 아닐 수 없다.

산업화 이후 과학 기술이 더욱 급속하게 발전하면서 새로운
현상들이 나타났다. 교통과 통신이 발전하면서 멀리 떨어진 사
람들과도 쉽게 연락을 주고받을 수 있었고, 자동차와 비행기가

발명되면서 사람들의 이동은 더욱 가속화되었다. 냉장고나 전자 레인지·청소기·TV 등 다양한 전자 제품들 덕분에 사람들의 생활은 더욱 편리해졌고, 풍요로워졌다. 의학의 발전으로 인간에게 매우 치명적이었던 전염병을 치료할 수 있는 약과 백신이 개발되었고, 공중보건과 위생이 향상되었다. 결과적으로 인간의 평균 수명은 과거보다 두 배 이상 증가했다. 예전에는 지배 계층만 교육을 받을 수 있었지만, 이제 전 세계 인구의 약 80퍼센트 이상이 글을 읽고 쓸 수 있다.

지구환경을 위협하는 인류······ '제6 대멸종' 우려

그러나 이와 같은 현상들이 우리에게 긍정적인 영향만 미치는 것은 아니다. 오늘날 우리는 극심한 빙하기를 경험했고, 전 지구적으로 이동했으며, 지구온난화와 더불어 수렵 채집으로부터 농경이라는 새로운 생활 방식을 추구했던 호모 사피엔스보다 더욱 심각한 문제들에 직면해 있다. 비록 원자폭탄의 투하로 제2차 세계대전이 종식되었지만, 아직까지도 전 세계적으로 전쟁이 빈번하게 발생하고 있다. 제2차 세계대전이 끝난 후, 세계는 미국을 중심으로 한 자유주의 세계와 소련을 중심으로 한 공산주의 세계로 나뉘어졌다. 이와 같이 사상과 이념의 대립이 심각했던 시기를 역사학자들은 '냉전 시대'라고 부른다. 냉전의 체제는 아직까지 남아 있다. 그리고 오늘날 종교적 신념과 이상의 차이 때문에 전 세계에 위협을 가하고 있는 무장단체인 IS의 테러 때문에 수많은 사람이 희생되고 있다.

우리가 직면하고 있는 또 다른 문제로는 지구온난화와 환경 문제를 들 수 있다. 약 1만 년 전에 농경이 처음 시작되었던 골디락스 조건 가운데 한 가지는 바로 지구온난화이다. 사실 45억 년에 걸친 지구의 역사 속에서 온난화는 반복적으로 나타났다. 하지만 과학자들은 19세기 후반부터 산업화로 인한 온실 가스가 증가하면서 지구온난화가 더욱 가속화되었다고 주장한다. 지구에 대한 인간의 영향력이 커지면서 자연환경과 생태계가 위협받고 있다. 극지방의 빙하가 빠른 속도로 녹으면서 해수면이 상승하고, 해안가에 위치한 도시들이 물에 잠기기 시작했다. 인간뿐만 아니라 수많은 종들이 지구온난화로부터 심각한 영향을 받고 있다.

오늘날 사람들은 새로운 사실을 깨닫게 되었다. 바로 인간이 인간뿐만 아니라 수많은 종들이 함께 살고 있는 생존의 터전인 지구 그 자체를 위협할 수 있다는 사실을 알게 된 것이다. 그래서 1995년에 노벨 화학상을 수상했던 네덜란드 과학자 크뤼첸(Paul

Crutzen)은 산업화 이후의 시기를 '인류세(Anthropocene)'라고 부른다. 인류세는 인간이 주변 환경에 미치는 영향력이 다른 어느 종들보다도 심각해진 시기를 의미한다. 약 1만 년 전에 호모 사피엔스가 농경을 시작한 이후 지구가 태양으로부터 얻는 전체 에너지 가운데 가장 많은 양을 사용하고 있는 종은 바로 우리 인간이다. 태양 에너지 사용량은 산업화 이후 더욱 급증했다. 뿐만 아니라 산업화 이후 대기와 물, 토양 등은 급속하게 변화했고 오염되기 시작했다. 인간이 개발한 원자폭탄과 같은 핵무기는 이제 인간뿐만 아니라 지구에 살고 있는 모든 종들을 파괴할 수 있을 정도로 강력하다.

이러한 점에서 산업화가 시작된 이후 인간 사회에 나타났던 수많은 현상은 인간뿐만 아니라 지구와 생명, 그리고 우주의 역사에서 매우 중요하다. 산업화 이후 지구 그 자체가 하나의 복잡한 글로벌 네트워크 속에 포함되면서 이제 인간은 스스로뿐만 아니라 지구에 살고 있는 모든 종의 운명을 결정할 수 있는 강력한 힘을 가지게 되었기 때문이다. 최근 일부 생물학자들은 여섯 번째 대멸종이 시작되었다고 주장한다. 약 6,500만 년 전에 발생했던 다섯 번째 대멸종을 비롯해 지금까지 지구에서 나타났던 수많은 생명체의 멸종은 소행성 충돌이나 기후 변화 등의 이유 때문에 발생한 것이다.

하지만 오늘날 조금씩 진행되고 있는 여섯 번째 대멸종의 원인은 바로 우리이다. 공통조상으로부터 분화된 이후 다양한 종의 진화와 더불어 인간이 등장하면서 다른 생명체의 멸종 속도는 더욱 빨라졌다. 어떤 과학자들은 100년 후 지금 지구에 살고 있는 생명체들의 약 70퍼센트 이상이 사라질 것이라고 예측한다. 이제 우리가 가지고 있는 이와 같은 강력한 힘을 어떻게 사용할 것인지에 대해 생각해야 할 때이다. 호모 사피엔스의 후손인 우리뿐만 아니라 지구와 우주에 살고 있는 모든 종의 미래와 연결되기 때문이다.

홍해와 '모세의 기적', 조석 간만과 지리적 조건의 합작품

영화 평론가들이 20세기 최고의 스펙터클한 영화 가운데 하나로 꼽는 것은 1956년에 개봉한 〈십계(The Ten Commandments)〉이다. 십계는 기원전 13세기경 고대 이스라엘 민족의 지도자 모세가 이집트에 위치한 시나이 산에서 하나님으로부터 받은 10개의 계율을 의미한다. 이 영화에서 사람들이 감탄했던 장면 가운데 하나는 바로 홍해가 갈라지는 장면이다. 모세가 이스라엘 사람들을 이끌고 이집트를 떠나자 이집트 파라오 람세스 2세는 군대를 보내 추격하도록 했고, 위기의 순간에 바다가 갈라지면서 이스라엘 사람들이 이집트 군대를 피할 수 있었던 것이다. 흔히 '모세의 기적' 혹은 '홍해의 기적'이라고 부른다.

최근 과학적 연구 결과에 따르면 이스라엘 사람들이 이집트를 떠나 건넌 곳은 홍해가 아니라 수에즈만 북부에 있는 '갯벌의 바다'로 불리는 호수이다. 많은 과학자들은 모세의 기적이 사실상 기적이 아니라 조석 현상 때문에 발생한 자연 현상을 이용한 것이라고 설명한다. 당시 이 호수는 조수 간만의 차이가 심해 썰물 때는 걸어서 건너갈 수 있었다는 것이다. 사실 '모세의 기적'은 비단 이집트 근방에서만 발생하는 현상이 아니다. 우리나라에서도 이와 비슷한 현상이 발생하곤 한다. 인천 영종도에서 약 600미터 정도 떨어진 무인도인 실미도는 썰물 때 걸어갈 수 있다. 전라남도 진도나 충청남도 무창포에서도 이와 같은 현상이 나타난다.

과학자들은 서해안의 지리적 특성과 해저 지형 때문에 바다 갈라짐 현상이 발생한다고 설명한다. 원래 이러한 현상은 지구와 달의 인력 때문에 발생한다. 서해안은 조석의 차가 다른 지역에 비해 큰데, 그 차이가 가장 커졌을 때 바다 갈라짐 현상이 발생하는 것이다. 이와 더불어 바다 갈라짐 현상은 바닷물이 빠지면서 주위보다 높은 지형이 물 위로 드러나는 현상인데, 이를 위해서는 수심이 얕고 바닥에 퇴적물이 쌓여 있어야 한다. 결국 신비롭게 보이는 현상은 자연환경과 지리 조건 때문에 발생하는 지극히 과학적인 현상이라 할 수 있다.

'철을 먹는 박테리아' 타이태닉 잔해가 사라지고 있다

1912년 4월 10일. 전 세계적으로 가장 큰 선박이 영국 남부 해안에 위치한 항구도시 사우샘프턴을 출발했다. 2,200명 이상이 탑승한 뉴욕으로 향하는 선박이었다. 당시 최고의 기술이 반영된 타이태닉호는 이중바닥과 방수실, 특정 수위가 되면 자동으로 닫히는 문 등으로 절대 가라앉지 않는 배로 불렸다. 하지만 4월 14일 캐나다 북동부에 위치한 뉴펀들랜드에서 남서쪽으로 600킬로미터 정도 떨어진 바다에서 빙산과 충돌해서 침몰하고 말았다. 선장 스미스(Edward Smith)와 탑승자 1,500여 명이 바다에 가라앉았다. 당시 세계 최대의 재난 사고였다.

사고 당시 타이태닉호에는 구명보트가 있었지만 모든 승객이 탈 수 없었다. 사고 당시 3등실에 탑승했던 사람들은 갑판 아래에 머무르라는 명령을 받았고, 결국 1등실 승객들과 비교했을 때 매우 적은 수의 사람들만 생존할 수 있었다. 엄청난 사망자가 발생했던 이 사고 이후 독일 황제 빌헬름 2세(Wilhelm II)의 요청으로 해상에서의 인명 안전과 관련된 회의를 개최했다. 그리고 선박의 안전한 항해와 구조, 구명 설비 등에 대해 규정하는 협약을 체결했다. 하지만 당시 이 협약을 비준한 국가는 영국을 비롯한 5개국뿐이었다. 이후 1974년 '해상에서의 인명안전을 위한 국제 협약(SOLAS)'이 제정되어 선박검사와 전기설비, 구명설비, 무선통신 등과 관련된 규칙이 제정되었다.

1985년 타이태닉호의 잔해가 발견되었다. 이후 1991년 러시아 심해 잠수정 미르2호가 두 부분으로 분리된 선체의 일부분을 발견했다. 그런데 여기에 고드름처럼 생긴 것이 붙어 있었다. 처음에는 타이태닉호를 만드는 데 사용되었던 강철이 녹슬어 생긴 것이라고 생각했지만, 분석 결과 오히려 철을 분해하는 박테리아라는 사실이 밝혀졌다. 점액질을 만들어 금속 표면에 붙어 있는 이 박테리아는 철을 분해한다. 하루에 약 100킬로그램 이상의 철을 분해한다고 알려져 있다. 흔히 철 박테리아로 불리는 이 박테리아는 바로 타이태닉호의 선체 때문에 발견된 것이다. 이와 더불어 최근 많은 과학자들은 철 박테리아 때문에 타이태닉호 선체가 사라지고 있다며 걱정하고 있다.

반구대 암각화에는 어떤 동물들이 새겨져 있을까?

울산광역시 울주군의 언양읍 대곡리에 위치한 반구대는 기암괴석으로 이루어져 있다. 마치 거북이가 엎드려 있는 것과 비슷한 모양이어서 반구대라고 불렀다는 기록이 전해온다.

此身死了死了 一百番更死了 白骨爲塵土

魂魄有也無 向主一片丹心 寧有改理與之.

우리말로 옮기면 "이 몸이 죽고 죽어 일백 번 고쳐 죽어, 백골이 진토 되어 넋이라도 있고 없고, 임 향한 일편단심이야 가실 줄이 있으랴"이다.

우리에게도 잘 알려진 고려 말기 문신 정몽주의 「단심가(丹心歌)」이다. 정몽주는 바로 대곡리로 귀양을 와서 반구대를 자주 찾았다. 이 지역에는 정몽주를 기리는 비석이 세워져 있는데, 비석을 보호하기 위한 건물인 비각이 있는 자리가 거북의 등에 해당

되고 물가 쪽으로 향한 앞쪽이 거북의 머리에 해당한다고 한다.

반구대의 바위에는 여러 가지 동물의 모습이 새겨져 있다. 크게 육지동물과 바다동물로 구분할 수 있는데, 육지동물로는 개나 늑대·호랑이·멧돼지·곰·토끼 등을 들 수 있다. 호랑이는 함정에 빠진 모습이나 새끼를 가진 모습으로 새겨졌으며, 사슴은 새끼를 데리고 있는 모습으로 새겨졌다.

바다동물로는 고래와 물고기를 들 수 있는데, 이 역시 새끼를 데리고 있는 모습으로 나타났다. 뿐만 아니라 사람이 배를 타고 작살로 고래를 잡는 모습이나 그물로 물고기를 잡는 모습, 그리고 동물을 사냥하는 모습도 새겨져 있다.

다양한 육지동물의 모습과 이를 사냥하는 인간의 모습은 수렵 채집 시대에 사냥을 통해 식량을 풍부하게 얻고자 했던 바람이나 기원을 표현한 것이라 할 수 있다. 바다동물 역시 마찬가지이다.

고기를 잡는 배와 그물, 작살 등과 같은 도구, 바다동물을 새긴 것은 일종의 주술 행위라고 볼 수 있다. 이와 더불어 춤추는 남성을 새긴 모습에서 성기를 과장되게 표현했는데, 이는 인간의 생식 능력이 자연의 번식 능력과 밀접한 관련성을 가지고 있다고 믿었던 사람들의 생각을 잘 보여준다.

북유럽 신화에는 위그드라실이라는 나무가 등장한다. 신화에 따르면 창조신 오딘(Odin)이 세상을 창조한 다음 이 나무를 심었다. 나무는 세 개의 거대한 뿌리를 가지고 있다. 하나는 지하의 나라인 니플헤임으로, 다른 하나는 인간의 나라인 미드가르드로, 마지막 하나는 신들의 나라인 아스가르드로 뻗어 있다. 아스가르드로 뻗은 뿌리 아래에는 우물이 하나 있다. 과거와 현재, 미래를 상징하는 세 명의 자매들은 매일 우물물을 길어다 위그드라실에 뿌린다. 니플헤임과 미드가르드, 아스가르드의 생명을 유지하기 위해서이다. 생명의 나무는 비단 북유럽 신화에만 등장하는 것이 아니다. 수십만 년 동안의 역사 속에서 인류는 생명의 나무처럼 탄생했고 진화했다.

이 장에서는 이와 같은 인류 진화의 과정을 인간과 주변 환경의 상호작용이라는 관점에서 살펴보고자 한다.

제5장

생명의 나무와
인류의 진화

01

인류 역사 속 광기와 진화

아주 오래전에 개봉한 영화 가운데 지금까지도 많은 사람들이 관심을 가지고 보는 것 가운데 하나는 바로 〈쉰들러 리스트(Schindler's List)〉이다. 당시 나치가 권력을 장악하고 있었던 독일에서 많은 사람들이 나치의 극단적인 정책을 지지했다. 독일 기업가 쉰들러(Oskar Schindler) 역시 마찬가지였다. 1939년 9월, 독일이 폴란드를 침공하면서 시작된 제2차 세계대전은 6년 동안지속되었다. 당시 나치는 유럽뿐만 아니라 전 세계적으로 유대인을 멸종시키려고 했다. 쉰들러는 아우슈비츠 수용소를 비롯해여러 수용소에 수감된 유대인이 공장에서 군수물자를 생산하는

데 필요하다면서 이들을 구출했다. 쉰들러가 구출했던 유대인은 약 1,200명 이상이며, 그의 이야기를 스필버그(Steven Spielberg) 감독이 영화로 만든 것이 바로 〈쉰들러 리스트〉이다. 실제로 쉰들러가 구출한 유대인 생존자들의 명단이 발견되기도 했다.

인종차별주의가 빚어낸 홀로코스트

반제는 독일 베를린에서 약 25킬로미터 떨어진 곳에 위치해 있다. 1942년 1월 20일, 반제에서는 인류 역사 속에서 매우 중요한 회의가 열렸다. 당시 나치의 지도부들이 모여 최종적으로 결정했던 것은 바로 유대인 문제였다. 이들은 독일에 거주하고 있는 유대인을 폴란드의 여러 수용소로 데려와 말살하기로 결정했다. 반제 회의에서 가장 중요한 내용이었다.

1945년에 제2차 세계대전이 끝날 때까지 나치에 의해 학살된 유대인의 수는 약 600만 명 이상이었다. 역사학자들은 이 사건을 '홀로코스트(Holocaust)'라고 부른다. 홀로코스트는 전체를 의미하는 그리스어 '홀로스(Holos)'와 태우는 것을 의미하는 '카우스토스(Kaustos)'라는 단어가 합쳐진 것이다. 그리스 신화에는 동물을 태워 신에게 제물로 바치는 장면이 종종 등장한다. 물론 이와 같은 풍습이 그리스 신화에만 등장하는 것은 아니다. 『성경』에서도 제물을 태워 그 향기로 하나님을 기쁘게 하는 제사에 대해 언급하고 있다.

나치가 홀로코스트를 자행했던 이유에 대해서는 명확하게 밝혀지지 않았다. 어떤 역사학자들은 독일이 전쟁을 수행하기 위해서는 많은 자본이 필요했는데, 이를 위해 당시 부유했던 유대인의 재산을 몰수했다고 생각한다. 일부 역사학자들은 나치 당수이자 독일 총통 히틀러(Adolf Hitler)가 유대인에 대해 가지고 있었던 개인적인 원한 때문이라고 주장했다. 또 다른 역사학자들은 인종주의가 홀로코스트의 원인이라고 주장한다. 린네가 인종간 구분을 제시한 이후 오랫동안 서로 다른 인종 간 차별과 위계질서가 존재해왔다. 많은 백인들은 피부색이 다른 인종이나, 심지어 피부색이 비슷하더라도 서로 다른 민족을 열등한 종으로 생각하면서 차별했다. 유대인 역시 마찬가지였다.

제1차 세계대전이라는 전쟁에서 진 독일의 상황은 매우 비참했다. 독일인은 전쟁을 일으킨 사람들이라는 비난에서 벗어날 수 없었고, 무엇보다도 전쟁에서 이긴 국가들에게 엄청난 배상금을 지불해야만 했다.

1929년 10월 24일 목요일, 뉴욕 월스트리트에 위치한 증권시장에서 주가가 폭락하는 사건이 발생했다. 그리고 그다음 주 화요일에 주식시장이 붕괴되었다. 2주 동안 300억 달러 이상의 가치를 가진 주식이 휴짓조각이 되었는데, 이는 미국이 제1차 세계대전에서 사용한 비용과 비슷했다. 이후 10년 동안 미국을 비롯해서 전 세계적으로 경제 불황이 나타났고, 많은 역사학자들은 이를 '대공황'이라고 부른다. 대공황으로부터 벗어날 수 있는 지역이나 국가는 없었다. 특히 독일의 상황은 더욱 심각해졌다. 전쟁 배상금을 대기 위해, 도시와 국가를 재건하기 위해 독일 정부는 엄청난 양의 화폐를 발행했는데, 그 결과 일어난 인플레이션이 매우 심각했다. 사람들은 감자를 사기 위해 수레에 돈을 가득 싣고 가야만 했다. 독일 정부에서는 1,000마르크 지폐를 10억 마르크로 고쳐 발행하기도 했다. 이와 같은 상황 속에서 전쟁 배상금을 지불할 필요가 없다고 주장했던 히틀러가 사람들로부터 많은 인기를 얻기 시작했다.

히틀러는 전쟁에서의 패배와 대공황 때문에 자신감을 상실한 독일인에게 민족적·인종적 자부심을 가질 것을 강조했다. 이를 위해서는 무엇보다도 아리아인으로서 독일인의 우월성을 널리 알려야만 했다. 아리아인은 원래 인도와 이란에 살고 있었던 사람들이었는데, 이들 중 유럽으로 이동한 일부는 게르만족이 되었다. 히틀러와 나치가 강조했던 아리아인은 바로 게르만족의 근원이 되는 사람들로 히틀러는 독일 제국이 가장 신성한 아리아인의 나라라고 주장했다. 이와 같은 주장은 지구에 살고 있는 어느 민족보다도 독일인이 가장 우수하고 똑똑하다는 주장으로 확대되었다. 이 시기에 독일은 게르만족뿐만 아니라 여러 인종이 함께 섞여 있었는데, 이들 가운데 나치가 멸종시키기로 결정한 유대인을 구분해서 독일인의 순혈을 지켜야 한다는 주장이 제기되었다.

나치에 이용당한 골턴의 우생학

기원전 597년 당시 가장 강력했던 바빌로니아 제국에 의해 이스라엘이 몰락했다. 약 1만 명 이상의 유대인은 바빌로니아로 끌려갔고, 이후 이들은 이스라엘로 되돌아가지 못한 채 전 세계로 떠돌아다니게 되었다. 이들 가운데 일부 유대인은 유럽으로 이동했고, 오랫동안 유럽의 다른 민족과 함께 살았다. 그러므로 제2차 세계대전이 발발했던 기간에 독일에서 유대인을 구분한다는 것은 그리 쉽지 않았다. 많은 유대인은 독일인과 결혼해서 가정을 이루고 있었고, 심지어 자신이 유대인이라는 사실을 모르는 사람들도 많았다.

이를 위해 나치는 우선 유대교를 믿는 사람들을 구분했고, 조

ЖИД-ЭТО ЗАРАЗА НАРОДОВ!

- **유대인에 대한 나치의 적대감을 드러낸 포스터**
  이 포스터에서는 유대인의 신이 바로 돈이라고 조롱하고 있다. 이는 유대인에 대한 독일의 적대감을 극대화시키기 위한 전략 중 하나이다.

상 가운데 유대교를 믿었던 사람들도 구분했다. 『구약성경』에 나오는 신의 가르침을 전하고 율법을 지키는 유대교 사제인 랍비와 친한 사람들도 구분했다. 조부모가 유대인이면 손자까지 유대인으로 규정했다. 그리고 이렇게 구분한 유대인에게 두 개의 정삼각형으로 구성된 다비드의 별을 달도록 강요했다. 유대인과 아리아인을 쉽게 구별하기 위해서였다.

히틀러와 나치는 유대인에 대한 독일인의 적대감을 극대화시키기 위해 다양한 전략을 수행했다. 제2차 세계대전 기간에 나치가 제작한 포스터가 가장 대표적인데, 포스터에서 유대인은 돈만 밝히는 무자비한 모습으로 표현되거나 순진해 보이는 독일 여성들을 꼬드겨 결혼하는 악마의 모습으로 그려졌다.

이뿐만 아니라 독일 어린이들을 유대교 의식의 희생물로 삼는 모습을 그린 포스터도 독일 전역에 배포되었다. 이러한 점에서 본다면, 홀로코스트를 자행했던 것은 히틀러나 나치뿐만이 아니었다. 유대인에 대한 이와 같은 비난과 비방을 묵인하고 동조했던 독일인 역시 사실상 홀로코스트에 함께 참여했다고 할 수 있다.

유대인을 열등한 민족으로 간주하고, 게르만족의 우월성을 강조하기 위해서는 인종이나 민족 사이의 우열을 명확하게 보여줘야 했다. 이를 위해 나치가 선택한 것은 바로 우생학이었다. 우생학은 인류를 우생학적으로 개량하기 위해 인간에게 영향을 미치는 여러 가지 조건과 요소를 연구하는 학문이다.

이를 처음 주장한 사람은 영국 유전학자 골턴(Francis Galton)이었는데, 그는 진화론으로 유명한 다윈(Charles Darwin)의 사촌이었다. 다윈의 사상 가운데 골턴이 가장 영향을 많이 받은 것은 자연선택이었다. 같은 종의 개체들 사이에서 환경 변화에 적응한 것만 생존해서 자손을 남기게 된다는 이 사상을 통해 골턴은 이와 같은 현상이 자연뿐만 아니라 인간 사회에서도 발생한다고 믿었다.

특히 그는 성격이나 재능, 지능 등이 생물학적으로 그대로 유전된다고 생각했다. 따라서 골턴은 사람들은 사회적 환경 때문에 가난한 것이 아니라 원래 생물학적으로 열등하기 때문에 가난한 것이라고 주장했다. 다윈의 진화론과 자연선택 이론이 인간 사회 속에서 발생하는 다양한 차이를 설명하는 가장 중요한 원인이라고 생각한 것이다. 많은 사람들이 특정 인종이나 민족이 생물학적으로 열등하며, 이들의 열등성은 자연적인 것이라는 골턴의 사상을 지지했다. 이들은 우월한 유전자를 가지고 있는 사람들의 출생률을 증가시키는 것뿐만 아니라 열등한 사람들의 출생률을 감소시키는 것이 매우 중요하다고 생각했다. 홀로코스트는 이와 같은 우생학의 이념을 가장 극단적으로 보여주는 역사적 사건이었다.

1933년 나치는 독일 전역에 걸쳐 구금이나 강제노동, 대량학살을 위한 강제수용소를 건설했다. 많은 사람들이 법적 절차도 없이 친위대나 돌격대에 의해 강제수용소로 끌려갔고, 1934년부터는 유대인을 멸종시키기 위한 공간으로 변화했다. 당시 독일의 지배를 받고 있었던 폴란드에는 가장 악명 높은 강제수용소가 설립됐다. 바로 아우슈비츠 강제수용소이다. 나치가 설립했던 강제수용소 가운데 가장 규모가 큰 것으로 150만 명 이상의 유대인이 이곳에 수용되었다. 원래 폴란드 군부대가 주둔하고 있던 곳이었는데, 나치는 유대인이 도망가지 못하도록 높은 벽을 쌓고 이중으로 철조망으로 둘렀다. 아우슈비츠 강제수용소의 입구에는 '일하면 자유로워질 수 있다(Arbeit Macht Frei)'는 문구가 있다. 이곳에 구금된 수많은 유대인은 강제노동을 견디면 자유로워질 수 있다고 믿었을 것이다. 하지만 이들에게 닥친 것은 비참한 죽음이었다.

1941년 9월, 아우슈비츠 강제수용소에서의 첫 학살이 시작되었다. 독가스를 이용한 학살이었다. 당시 아우슈비츠 강제수용소에는 네 개의 독가스 실이 있었는데, 최대 1만 2,000명까지 한꺼번에 죽일 수 있었다. 처음에는 총으로 유대인을 학살했지만, 더 빠르고 효과적으로 학살하기 위해 개발된 것이 바로 독가스 실이었다.

역설적이게도 유대인을 대량으로 학살하는 데 사용된 독가스를 개발한 사람도 유대인이었다. 독일 화학자 하버(Fritz Haber)는 유대인이었지만 독일에 대한 충성심이 매우 높았다. 질소와 수소로 암모니아를 만드는 방법을 연구해서 노벨 화학상을 받았다. 이와 같은 방법을 통해 질소 비료를 대량으로 생산할 수 있게 되었고, 당시 폭탄을 만드는 주된 원료인 질산도 대량으로 생산할 수 있었다. 제1차 세계대전 동안 독일의 승리를 위해 하버는 화학 무기를 개발하기 시작했다. 그는 염소로 독가스를 만들어 프랑스군에게 뿌렸고, 이로 인해 5,000명 이상의 프랑스군이 사망했다. 이는 다시 제2차 세계대전 기간 동안 같은 유대인을 대량으로 학살하는 무기로 사용됐다.

진화는 '발전'과는 다른 개념이다

독가스 실에는 '샤워장'이라는 팻말이 붙어 있었다. 유대인에게는 수건과 비누도 나누어 주었다. 하지만 샤워장이 유대인으로 가득 차면 문이 잠기고, 흰 연기가 샤워장에 가득 찼다. 약 30분 정도 시간이 흐르면 샤워장은 유대인의 시체로 가득 찼다. 이들의 시체는 화장터로 옮겨져 용광로에서 태워졌다. 그야말로 끔찍한 학살이 아닐 수 없다. 나치가 유대인에게 가했던 학살과 폭력은 독일인의 민족적·인종적 자부심을 높이기 위한 것이었다. 유럽과 더 나아가 전 세계적으로 유대인을 절멸시키기 위해 나치가 취했던 정책은 기본적으로 우생학을 근거로 삼고 있었다. 그야말로 인류의 진화를 잘못된 방식으로 이해한 결과가 아닐 수 없다.

생물학에서 진화는 종을 비롯해 여러 종류가 여러 세대를 거치면서 변화한 것을 의미한다. 그런데 많은 사람들은 진화를 발전과 같은 의미로 생각한다. 우리나라 『국어사전』에서도 진화를 '일이나 사물 따위가 점점 발달하여감'이라고 정의한다. 발달이란 성장하거나 성숙하는 것, 또는 더 높은 수준에 이르는 것을 의미한다. 결국 대부분의 사람들은 진화가 이전의 단계나 상태보다 나은 것을 뜻하는 것이라고 생각한다. 예를 들어, 최초의 생명체는 단세포로 구성된 박테리아였지만, 시간이 흐르면서 단세포들이 서로 결합해 다세포 생명체가 형성되었다. 다세포들이 결합해 오늘날 우리와 같은 복잡한 생명체가 탄생하게 되면서 인간이야말로 가장 높은 수준의 진화된 존재라고 생각한다.

심지어 이와 같은 정의는 인류의 진화에도 그대로 적용된다. 지금까지 역사(또는 세계사) 교과서에서는 인류의 진화를 이전 시기보다 신체 조건이 더 발달하고, 뇌 용량이 더 커진 종의 등장으로 설명해왔다. 결국 최초의 인류보다 이후에 나타나는 인류들이 더욱 똑똑하다는 방식으로 설명하는 것이다.

하지만 인류의 진화가 꼭 이와 같은 방식으로 나타나지는 않았다. 호모 네안데르탈렌시스의 경우, 우리의 조상인 호모 사피엔스보다 뇌 용량도 크고 신체 조건도 뛰어났지만, 결국 멸종됐다. 이러한 점에서 본다면, 특정 민족이나 인종이 다른 사람들보다 우월하다는 믿음이나 신념 때문에 인류 역사 속에서 나타났던 대량 학살은 또 다른 형태의 광기인 셈이다.

02

다윈의 『종의 기원』과 '생명의 나무'

찬란한 황금색과 화려한 색채를 사용해 관능적인 여성을 주로 그린 화가가 있었다. 어떤 사람들은 그의 그림을 이색적이고 색감이 풍부하다고 칭찬했지만, 또 다른 사람들은 자극적인 에로티시즘을 강조하는 저급한 그림이라 비판했다. 오스트리아 화가 클림트(Gustav Klimt)이다. 그의 그림 중 가장 잘 알려진 것은 바로 「입맞춤(The Kiss)」이다. 꽃이 가득한 들판에 무릎 꿇은 한 여성이 남성의 목을 끌어안고 있다. 황금색 덩굴이 여성의 발목을 감싸고 있으며, 그녀의 얼굴은 매우 평화롭게 보인다. 오스트리아 빈의 남동쪽에 위치한 벨베데레 미술관에 소장돼 있는데, 수많은

- 클림트의 「생명의 나무」
  요제프 호프만의 부탁을 받고 완성한 그림이다. 우주와 생명의 기원을 상징하는 그림이라 할 수 있다.

사람들이 이 그림을 보기 위해 오스트리아로 몰려들고 있다.

클림트의 그림들 가운데 분위기가 상당히 다른 작품이 있다. 바로 「생명의 나무(Tree of Life)」이다. 오스트리아 건축가 호프만 (Josef Hoffmann)은 과거의 전통으로부터 벗어나 직선이나 격자를 건축과 가구에 적용했다. 그는 클림트에게 자신의 저택을 장식할 그림을 부탁했는데, 이와 같은 부탁을 받고 클림트가 완성한 것이 「생명의 나무」이다. 이 그림은 '기대'와 '생명의 나무', 그리고 '이행'이라는 세 개의 그림으로 연결되어 있는데, 이 가운데 '생명의 나무'는 신화나 고대 철학을 활용하여 그렸다. 소용돌이

제5장 생명의 나무와 인류의 진화

치는 나뭇가지는 생명의 영속성을 의미하는 신화에서 유래한 것이고, 빙빙 도는 나뭇가지는 인생의 복잡성을 표현하고 있다. 이와 더불어 나무의 뿌리는 땅에 깊숙이 연결되어 있는데, 하늘과 땅의 연결을 의미한다. 이 그림에서 하늘과 땅, 그리고 지하세계는 서로 연결되어 있다. 이와 같은 점에서 「생명의 나무」는 우주와 생명의 기원을 상징하는 그림이라 할 수 있다.

기린의 긴 목…… 다윈과 라마르크 각기 다른 해석

생명의 나무는 과거에 지구에 살았다가 멸종했거나, 오늘날까지 지구에 살고 있는 생명체의 진화 계통을 나타내는 다이어그램이다. 다윈은 공통조상에서 분화되어 여러 종이 나타남으로 인해 생명의 다양성을 설명하고자 이와 같은 생명의 나무를 사용했다. 하지만 다윈이 생명의 나무를 최초로 사용했던 것은 아니다. 1801년 프랑스 식물학자 오지(Augustin Augie)는 식물의 계통도를 작성했고, 프랑스 진화학자 라마르크(Jean-Baptiste Pierre Antoine de Monet, chevalier de Lamarck)는 동물의 계통도를 작성하기도 했다.

하지만 라마르크는 여러 종들 사이에 공통조상이 존재한다는 생각은 하지 못했고, 개별적인 종들이 단순한 상태에서 복잡한 상태로 진화한다고 생각했다. 뿐만 아니라 그는 환경의 변화에 따라 특정 기관이 더욱 발달하거나 퇴화한다고 주장했다. 예를 들어, 낮은 나뭇가지에 달린 나뭇잎을 다 먹은 기린은 더 많은 나뭇잎을 먹기 위해 목이 길어졌고, 이후 탄생하는 기린은 모두 목이 길다는 것이다. 물론 오늘날 세포에서 생긴 변화는 유전되지 않는다는 사실이 밝혀짐에 따라 더 이상 사람들은 이와 같은 주장을 믿지 않는다.

다윈은 이와 같은 라마르크의 주장에 동의하지 않았다. 그는 자연환경이 변화했을 때 이에 적응하는 종은 생존하지만, 그렇지 않은 종은 멸종한다고 생각했다. 낮은 나뭇가지에 달린 나뭇잎을 다 먹고 높은 나뭇가지에 달린 나뭇잎을 먹어야 하는 상황이 발생하자, 목이 짧은 기린은 도태해서 멸종됐고 목이 긴 기린만 생존했다는 것이다. 환경의 변화가 한 종의 생존에 영향을 미친다는 점에서 라마르크와 다윈은 비슷한 주장을 하는 것처럼 보이지만, 실제로 이들의 주장은 전혀 다른 것이다.

사실 다윈이 자연선택에 의한 진화개념을 처음 제시했던 것도 아니다. 이미 라마르크를 비롯한 여러 사람이 자연 환경의 변화에 따른 종의 멸종과 생존에 대해 여러 가지 주장을 제시했다. 다윈은 같은 종에 속한 개체들이더라도 서로 다른 형질을 가질 수

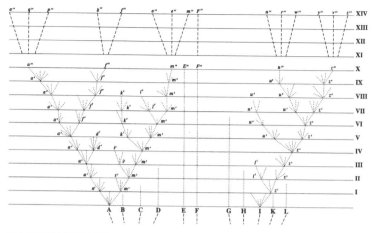

- **찰스 다윈의 '생명의 나무'**
  찰스 다윈이 종의 기원에서 제시한 생명의 나무이다. 시간의 흐름에 따라 종들이 다양하게 분화되는 것을 보여주는 계통수이다.

있다고 생각했고, 특정 형질은 생존에 더욱 유리하다고 주장했다. 그리고 이와 같은 특정 형질의 일부가 자손들에게 전수됨으로써 시간이 지나면 새로운 종이 나타난다고 생각했다.

이를 위해 다윈은 『종의 기원(*The Origin of Species*)』 제4장 「자연선택(Natural Selection)」에서 생명의 나무를 언급했다. 그는 임의로 A부터 L까지 종들을 구분하고, 시간이 흐름에 따라 이와 같은 종들이 더욱 다양한 종으로 분화된 것을 보여주는 다이어그램을 제시했다. 그리고 동일한 종 안에서 발생하는 작은 차이는 시간이 지나면서 더욱 큰 차이를 보이게 되고, 결국 새로운 종의 탄생으로 연결된다고 주장했다.

19세기 중반, 다윈은 다음과 같이 주장했다. "친족관계에 있는 모든 생물은 하나의 나무로 표현할 수 있다. 잎이 달린 새로운 가지는 오늘날 존재하는 종이고, 이미 멸종한 오래된 종들의 후손이다. 시간이 지날수록 더 많은 가지들이 뻗어 나가게 되고, 가장 위에는 현재 존재하는 생물만이 나타나게 된다." 이와 같은 다윈의 주장은 그야말로 매우 격렬한 논쟁을 유발했다. 이미 16세기부터 유럽에서는 코페르니쿠스(Nicolaus Copernicus)나 갈릴레이 (Galileo Galilei) 등 과학자들의 관찰과 발견으로 당시 유럽을 지배하고 있었던 우주관이 급격하게 변화했다. 가장 대표적인 것이 세상과 우주의 중심이 더 이상 지구가 아니라 태양이라는 사실이었다. 하지만 여전히 많은 부분에서 기독교는 유럽 사회를 지배하는 중심 세력이자 원리였고, 이는 생명의 진화와 관련해서도 마찬가지였다.

1860년 영국 과학진흥협회에서 주최하는 모임에서 신랄한 논쟁이 벌어졌다. 바로 창조론자와 진화론자의 논쟁이었다. 창조론자들은 전능한 신이 세상의 모든 생명을 만들었다고 믿었다. 따라서 이들에게 자연선택에 의한 종의 진화는 도저히 믿을 수 없는 주장이었다. 당시 창조론자들을 대변했던 사람은 성공회 대

주교 윌버포스(Samuel Wilberforce)였고, 진화론을 대변했던 사람은 영국 생물학자 헉슬리(Thomas Henry Huxley)였다. 윌버포스는 헉슬리에게 "만약 당신이 원숭이의 자손이라면 할아버지 쪽 자손이냐, 아니면 할머니 쪽 자손이냐"물었고, 이에 대해 헉슬리가 "궤변을 말하는 사람보다는 차라리 원숭이를 조상으로 삼겠다"고 대답했던 일화는 매우 유명하다. 생명의 나무를 제시함으로써 다윈은 다른 진화론자들과 달리 공통조상에 대해 설명하고 있다. 공통조상에서 분화된 종들이 환경 변화에 적응하면서 유리한 형질을 가진 개체들이 생존했기 때문이다. 인간과 원숭이는 아주 오래전에 공통조상으로부터 분리되어 전혀 다른 방식으로 진화해왔다. 따라서 이와 같은 윌버포스의 질문은 다윈의 진화론을 제대로 이해하지 못한 것이다.

종교 신념과 과학은 분리돼야 한다

창조론과 진화론을 둘러싼 논쟁은 이렇게 끝났다. 그리고 시간이 흐르면서 일부 종교에서는 진화론을 조금씩 받아들이기 시작했다. 진화론이 다시 논쟁의 대상이 된 것은 1925년이었다. 1925년 7월 21일, 미국 테네시주에서 재판이 열렸다. 당시 테네시 주는 세계 기독교 근본주의 협회에 속해 있던 버틀러(John

Washington Butler) 의원이 발의한 법을 통과시켰다. 일명 '버틀러
법'이라고 불리는 이 법의 내용은 공립학교에서 진화론 교육을
금지하는 것이었다. 테네시주 데이튼의 생물 교사 스콥스(John
Thomas Scopes)는 이를 어기고 학교에서 진화론을 가르쳤기 때문
에 재판이 열렸다. 이 재판에 관심을 가진 사람은 데이튼 주민들
만이 아니었다. 재판은 곧 창조론과 진화론의 논쟁으로 확산되
었고, 전국 규모로 확대되었다. 당시 스콥스를 변호했던 변호사
는 미국시민자유연합의 대로(Clarence Darrow)였고, 원고 측 변호
사는 국무부 장관을 역임하고, 대통령 선거에도 출마했던 미국

의 유명한 정치인 브라이언(William Jennings Bryan)이었다.

이 재판에서 대로는 흥미롭게도 원고 측 변호인인 브라이언을 증인으로 신청했다. 그리고 그에게 여러 가지 질문을 했다. 대표적인 질문은 하나님이 6일 동안 세상을 만들었다는 『성경』의 내용을 그대로 믿느냐는 것이었다. 이와 같은 질문에 대해 브라이언은 창조주의 하루는 몇백만 년의 시간일지도 모른다고 대답하면서 궁지에 몰렸다. 그런데도 진화론을 금지한 상황에서 진화론을 가르쳤다는 이유로 스콥스는 재판에서 패배했고, 100달러의 벌금형에 처해졌다. 당시 많은 사람들은 이 재판을 '원숭이 재판'이라고 불렀다. 미국사회의 이와 같은 분위기는 1960년대까지 계속되었다. 미국 전역의 수많은 학교에서 학생들에게 기도나 『성경』 공부를 계속 시켰기 때문이다.

1962년 뉴욕의 학부모 단체가 이와 같은 관행에 대해 소송을 제기했고, 그 결과는 학부모 단체가 승리했다. 당시 이 재판을 담당했던 블랙(Hugo Lafayette Black) 판사는 학교에서 시행하는 기도와 『성경』 공부가 미국 연방헌법 수정조항 제1조에 위배된다고 판결했다. 수정조항 제1조는 "연방의회가 국교를 정하거나 또는 자유로운 신앙행위를 금지하는 법률을 제정할 수 없다"는 내용의 것이다. 그는 다음과 같은 판결문을 통해 공립학교에서의 종교 교육을 금지했다. "정부의 권력, 명성, 재정적 지원이 특정 종교의 배후에 놓인다면, 종교적 소수에게 공식적으로 승인된 종교에 대해 순응하도록 간접적인 압력이 가해질 게 분명하다. 하지만 국교 설립 금지 조항에 깔려 있는 목적은 이를 금지하는 것 이상이다. 이 조항의 가장 직접적인 목적은 정부와 종교가 결합하면 정부를 파괴하고 종교를 타락시키는 경향이 있다는 믿음에 놓여 있다. 또 다른 목적은 역사적인 사실을 통해 정부가 설립한 종교에는 종교 박해가 항상 수반된다는 깨달음에 놓여 있다." 그리고 당시 미국 대통령 케네디(John F. Kennedy) 역시 이와 같은 휴고 판사의 판결을 지지했다.

1980년 미국 연방대법원은 공립학교 교실 벽에 '십계명'을 게시하지 못하도록 판결했다. '십계명'은 하나님이 이집트에 있는 시나이 산에서 모세를 통해 이스라엘 백성들에게 준 10가지의 계명을 의미한다. 하나님 이외의 다른 신을 섬기지 말고, 우상을 만들지 않으며, 하나님의 이름을 함부로 부르지 말라는 것과 더불어 안식일을 지키고, 부모를 공경하며, 살인하지 말고, 간통하지 말라는 것이다. 또한 도둑질하지 말고, 거짓증언을 하지 않으며, 남의 것을 탐내지 말라는 내용도 포함되어 있다.

당시 미국의 공립학교와 주 의회 의사당, 법원, 공공건물 등에는 '십계명'이 게시되어 있었다. 하지만 정·교 분리의 문제와 더불어 많은 사람들이 이의를 제기하자 연방대법원에서는 이와 같은 판결을 내렸다. 그리고 점차 과학과 종교를 분리시키려는 움직임이 발생했다. 물론 오늘날에도 창조론과 진화론의 논쟁은 계속되고 있다. 그러나 종교적 신념과 과학적 증거들을 토대로 하는 지식과 교육은 분명히 분리되어야 하고, 이는 무엇보다도 다윈의 진화론, 특히 생명의 나무를 제대로 이해했을 때 가능하다.

인류와 세상 모든 것의 공진화

기발한 상상력과 특이한 소재로 우리나라에서 유명한 프랑스 소설가가 있다. 바로 베르베르(Bernard Werber)이다. 어렸을 때부터 관찰해온 개미의 세계와 인간의 관계를 서술한 『개미(*Les fourmis*)』나 20개의 단편을 모아 마치 생명의 나무처럼 다이어그램을 만들어 미래의 가능성에 대해 생각하고, 이를 통해 미래 사회를 예측하고자 하는 『나무(*L'Arbre des possibles*)』가 대표적인 소설이다. 그의 또 다른 소설로는 『카산드라의 거울(*Le Miroir de Cassandre*)』을 들 수 있다. 이 소설에서는 꿈에서 본 것이 현실에서 발생하자 주인공이 미래에 발생할 일을 예상하고, 이를 대비하기 위한 사이트를 개설해 인류 사회 평화에 이바지한다.

카산드라(Cassandra)는 그리스 신화에 등장하는 예언자이다. 원래 트로이 공주였는데, 미래를 볼 수 있는 특별한 능력을 가지고 있었다. 어렸을 때 신전에 남겨졌는데 이때부터 자연과 신들이 들려주는 이야기를 이해할 수 있었고, 미래를 예측할 수 있게 되었다. 태양과 예술의 신 아폴론(Apollon)은 그녀와 사랑에 빠졌지만, 카산드라는 아폴론의 사랑을 받아들이지 않았다. 이에 화가 난 아폴론은 사람들이 카산드라의 예언을 믿지 않도록 하는 저주를 내렸다.

인류와 지구의 멸망에 대한 경고 신호

그런데 카산드라의 예언 가운데 정확하게 들어맞은 것이 있었다. 바로 트로이의 몰락이었다. 그녀가 파리스 때문에 트로이가 몰락할 것이라고 여러 차례 경고했지만, 많은 사람들은 그녀의 말을 믿지 않았다. 뿐만 아니라 카산드라는 트로이의 목마에 대해서도 예언했다. 목마 안에 그리스 병사들이 숨어 있다가 한밤중에 이들이 몰래 빠져나와 성문을 열어주는 장면을 본 것이다. 그러나 그녀의 예언을 믿지 않은 결과, 결국 트로이는 그리스와 벌인 전쟁에서 몰락했고, 아테나 신전으로 도망갔다가 그리스 장군 아가멤논(Agamemnon)에게 끌려가게 되었다.

인류 역사 속에서 멸망과 관련된 예언은 카산드라의 예언뿐만이 아니다. 중앙아메리카 북서부에 위치한 과테말라는 커피로 매우 유명하다. 고지대에서는 나무를 베어버리고 그곳에 커피를 재배하는데, 연기와 비슷한 향을 가지고 있기 때문에 스모크 커피라고 불린다. 커피는 18세기 중반에 처음 전해졌지만, 대량 생산이 시작된 것은 19세기 이후부터이다. 이 지역은 10세기 초까지 발전했던 마야 제국의 중심지이기도 했다.

마야 제국은 이집트와 마찬가지로 거대한 건축물을 건설했고, 예술과 과학 기술이 발달했는데, 이 가운데 가장 중요한 것은 바로 달력이다. 아주 오래전부터 사람들은 계절의 변화가 천체의 움직임과 관련되어 있다는 사실을 알고 있었다. 마야인은 태양과 달, 행성이 생명을 관장하는 신이라고 믿었는데, 이와 같은 신들이 일정한 주기로 회전한다는 사실을 발견했다. 이를 토대로 만든 것이 달력이다. 이 달력에 따르면 기원전 3114년 8월에 시작된 문명이 기원후 2012년 12월 21일에 멸망할 예정이었다. 지진이나 화산 폭발, 해일 등 자연 재해 때문이었다.

최근 더욱 많은 사람들이 인류와 지구의 멸망에 대해 관심을 가지고 있다. 전 지구적으로 나타나는 온난화나 에너지, 빈부 격

• **마야인이 발명한 달력**
태양과 달, 행성이 일정한 주기로 회전한다는 것을 발견한 후, 이를 토대로 만든 달력이다.

차, 전쟁 등으로 인해 지구에 살고 있는 호모 사피엔스의 후손들이 심각한 위협을 받고 있으며, 이와 같은 문제들을 해결하기 위해 다양한 방법을 찾고 있다. 과학자들이 제시하는 대안 가운데 한 가지는 지구를 떠나 다른 행성으로 이동하는 것이다. 최근 세상을 떠난 영국 천체물리학자 호킹(Stephen Hawking)은 "인류가 멸종을 피할 수 있는 방법은 다른 행성을 식민지로 삼는 것이다"라고 이야기하기도 한다. 2015년에 개봉했던 영화 〈마션(The Martian)〉은 바로 이와 같은 대안을 잘 보여준다. 영화 제목에서 알 수 있듯이 이 영화는 화성에 관련된 것이다. 미국 항공우주국에서 보낸 탐사대는 화성을 탐사하던 도중 모래 폭풍을 만나게 되고, 팀원 가운데 한 사람인 주인공이 사망했다고 생각해서 지구로 되돌아왔다. 하지만 화성에 혼자 남은 주인공은 생존을 위해 식량을 재배하기 시작했고, 미국 항공우주국에서는 그를 구출하기 위한 전략을 수행한다. 화성이 지구를 대신해 사람들과 생명체들이 살 수 있는 골디락스 행성인지 알아보기 위한 시도인 셈이다.

사실 오늘날 우리가 심각하게 걱정하고 있는 인류의 멸망은 처음이 아니다. 시간적·공간적 범위를 좀 더 확대해본다면 인류의 멸망은 지구 역사 속에서 여러 차례 발생했기 때문이다. 약 1,500만 년 전에 지구에서 탄생했던 라마피테쿠스나 600만 년 전에 등장했던 사헬란트로푸스 차덴시스로부터 다양한 종이 분화했고, 변화하는 환경에 적응하면서 인류는 여러 가지 방식으로 진화했다.

이러한 과정 속에서 여러 종이 발생하고 멸종하면서 오늘날 우리의 조상인 호모 사피엔스가 등장했다. 이와 같은 현상은 비단 인류에게만 국한된 것은 아니었다. 약 35억 년 전에 지구에 최초의 생명체가 탄생한 이후 수많은 종들이 발생했다. 그리고 이들 가운데 99퍼센트가 멸종했다. 멸종은 인류뿐만 아니라 지구에 등장했던 수없이 다양한 종들에게도 공통적으로 나타나는 현상이었던 것이다.

대멸종 기간 동안 사라졌던 생명체의 종류나 수만 살펴본다면 대멸종은 지구의 파멸과 멸종을 초래했던 것처럼 보일지도 모른다. 하지만 지구와 생명체의 역사 속에서 대멸종은 부정적인 영향만 미쳤던 것은 아니다. 소행성 충돌이나 화산 폭발, 기후변화, 해수면의 변화 등과 같은 급격한 환경 변화 속에서 어떤 종은 멸종했고, 또 다른 종은 생존하고 적응했다. 이러한 점에서 본다면, 대멸종은 환경 변화에 따른 종의 진화에 매우 중요한 요소였다고 할 수 있다. 다윈의 주장처럼 지구 환경의 변화에 제대로 적응한 종은 살아남았고, 그렇지 못한 종은 멸종됐기 때문이다.

인류의 생존 지혜는 '공생-공진화(共進化)'

이와 더불어 대멸종은 새롭고 다양한 종이 출현하고 진화할 수 있는 기회를 제공했다. 가장 최근에 발생했던 다섯 번째 대멸종으로 공룡이 사라졌다. 공룡의 멸종은 단순히 하나의 종이 사라지는 것만을 의미하지 않는다. 지구라는 환경 속에서 공룡이 차지했던 공간을 다른 새로운 종이 차지하기 시작했는데, 바로 포유류이다. 공룡이 번성했던 시기 동안 포유류 역시 번성했지만, 다섯 번째 대멸종으로 공룡이 사라진 이후 포유류의 수와 다양성은 가히 폭발적으로 증가했다. 그리고 포유류는 점차 지구에 영향력을 미치는 새로운 종으로 부상하기 시작했다.

이와 같은 현상을 통해 인간이 등장하고, 전 지구적으로 이동하면서 다양한 종의 진화를 통해 오늘날 우리가 나타날 수 있게 되었다.

아직까지 대멸종의 발생 원인에 대한 정확한 과학적 설명은 존재하지 않는다. 어떤 과학자들은 화산 활동 때문이라고 주장하고, 다른 과학자들은 지구의 온도 변화 때문이라고 설명한다. 또 다른 과학자들은 소행성 충돌 때문이라고 주장한다. 지구 역사 속에서 다섯 차례에 걸쳐 나타났던 대멸종의 정확한 원인을 설명할 수는 없지만, 이와 같은 현상을 통해 우리는 한 가지 분명한 사실을 알 수 있다. 바로 대멸종을 통해 지구의 급격한 환경 변화가 생명체에 미치는 영향이다.

35억 년 전에 지구에 최초의 생명체가 등장한 이후 더욱 복잡하고 다양한 생명체가 탄생했다. 이들은 환경의 변화에 다양한 방식으로 적응하고 진화했으며, 함께 공존했다. 대멸종을 통해 수없이 많은 종이 사라졌지만, 이는 새로운 종이 탄생하고 진화할 수 있는 기회를 제공했다. 이러한 점에서 진화와 대멸종은 지구의 모든 생명체가 주변 환경과 상호작용한다는 사실을 더욱 분명하게 보여주고 있다. 인간 역시 예외는 아니다.

멸종은 단순히 하나의 종이 더 이상 존재하지 않는 것을 의미하는 것이 아니라 오히려 이를 통해 새롭고 다양한 종이 발생하고, 이들이 서로 공존할 수 있는 공간을 마련해주는 기회였다. 멸종을 통해 지구의 다양한 생명체들은 공생하고, 공진화(共進化)할 수 있었던 것이다. 최근 여섯 번째 대멸종의 위기를 지적하면서 과학자들 사이에서는 인류의 멸종을 우려하는 목소리가 높아지고 있다. 다섯 차례의 대멸종 이후 급속하게 진화하면서 인류는 지구의 어느 종보다도 막대한 영향력을 미치는 종이 되었다. 인류의 역사 속에서 되풀이되었던 멸망에 대한 예언처럼 인류가 멸종하지 않기 위해서는 무엇보다도 주변의 다른 종들과 함께 공생하고 공진화하는 것이 절실하다.

이를 위해서는 인류의 등장과 진화 방식을 올바르게 이해하고, 인간이 주변 환경 속에서 다른 종들과 어떻게 상호작용했는지 이해할 필요가 있다. 전체 인류에 대한 세계사적 시각뿐만 아니라 다양한 형태의 환경과 지구 그 자체에 대한 이해와 관심이 필요한 것이다.

라마르크의 용불용설, 획득형질은 유전될까?

원래 식물학자였다가 동물학을 연구한 사람이 있었다. 바로 프랑스 진화론자 라마르크이다. 1789년에 발생했던 프랑스 혁명 동안 그는 대형 자연사박물관의 설립을 주장하고, 당시 왕립 자연사박물관의 소장품들을 과학 발전에 활용해야 한다고 주장했다. 자연을 문·강·목·속으로 구분하고, 계통적 지식을 토대로 하는 목록을 작성해야 한다는 것이다. 이와 같은 점에서 많은 학자들은 라마르크를 현대적인 박물관 전시의 창시자 중 한 사람으로 이해하고 있다.

라마르크는 1809년 출간한 『동물철학(*Philosophie Zoologique*)』에서 생물이 점진적으로 진화하는 원리를 제시했다. 그에 따르면 진화의 기본 법칙은 두 가지였다. 한 가지는 종이 가진 특정 형질에서 변화가 발생하는 법칙에 대한 것이었고, 다른 한 가지는 이와 같은 변화가 이후 세대에 전수되면서 점진적인 진화가 발생한다는 것이었다. 라마르크가 주장했던 용불용설은 비로 여기에서 유래된 것이다. 그는 동물이 어떤 기관을 다른 기관에 비해 자주 사용하거나 지속적으로 사용하면 그 기관이 점차 발달하고 크기도 커진다고 믿었다. 반면 오랫동안 사용하지 않는 기관은 점차 그 기능이 쇠퇴하고 결국 사라진다고 주장했다. 그는 기린의 목이 늘어나는 과정을 예시로 들어 설명했는데, 높은 가지에 있는 나뭇잎을 먹기 위해 목을 늘이는 과정을 되풀이함에 따라 기린의 목이 점점 늘어나게 되었다는 것이다. 이와 더불어 펭귄의 날개가 날기 위한 용도로 사용되지 않으면서 점차 퇴화되어 작아졌다고 설명했다. 뿐만 아니라 라마르크는 개체가 획득한 형질을 이후 세대에 물려줄 수 있다고 믿었다.

라마르크가 주장했던 획득 형질의 유전과 관련된 주장은 당시 논쟁의 대상이었다. 결국 오스트리아 유전학자 멘델(Gregor Mendel)이 획득된 형질은 유전되지 않는다는 사실을 증명함에 따라 라마르크의 주장은 점차 신뢰성을 잃게 되었다. 그런데도 그가 제시했던 이론은 종의 다양성이 발생하는 기본 원리를 처음 제시했다는 점에서 역사적 의미를 가지고 있다. 결국 라마르크의 이론 덕분에 현대 진화학이 발전할 수 있었던 것이다.

노스트라다무스의
지구 종말 예언은 실현될까?

16세기 저명한 의사이자 점성가는 탁월한 예언 능력으로 매우 유명했다. 우리에게는 흔히 노스트라다무스(Nostradamus)로 더 잘 알려진 미셸 드 노스트르담(Michel de Nostredame)이다. 저명한 의사 집안에서 태어난 그 역시 의학을 공부해 의사로 일했다. 하지만 1537년 프랑스에서 발생했던 흑사병으로 아내와 자녀를 잃었다. 이와 더불어 종교재판소에서 불경죄로 그를 소환하자 프랑스와 이탈리아의 여러 도시들을 돌아다니면서 의사로 활동했다. 이후 여러 권의 역학 서적과 실용 서적을 집필했고, 1555년 예언서인 『백시선(Centuries)』 초판을 출판했다. 이후 노스트라다무스는 점성가 및 예언자로 주목받기 시작했다.

　『백시선』은 모두 10부로 구성된 예언서이다. 각 부에는 100편의 4행시가 수록되어 있는데, 1555년부터 3797년까지의 사건들과 대규모 재난을 예언하는 내용이다. 하지만 그 내용이 이해하기 어렵고 모호하기 때문에 수많은 사람들이 오랫동안 그 의미를 둘러싸고 서로 다른 해석을 제시해왔다.

노스트라다무스는『백시선』의 「서문」에 아들에게 보내는 편지를 실었다. 여기에서 그는 "그날과 그때는 아무도 모르고 오직 하나님 아버지만 아신다"는『성경』구절을 인용하면서 자신의 예언 능력이 하나님으로부터 유래한 것이라고 밝히고 있다.

그는 자신이 본 역사적으로 중요한 사건들 가운데 가장 중요한 것들을 글로 옮겼는데, 사람들의 혼란을 막기 위해 애매모호하고 난해하며 왜곡된 문장으로 서술했다고 알리고 있다. 많은 학자들은 노스트라다무스가 당시 유럽에서 만연했던 종교적·정치적 박해를 피하기 위해 이렇게 서술했을 것이라고 추정한다.

1990년대 노스트라다무스의 예언은 절정에 달했다. 그가『백시선』에서 "1900, 90, 9, 아홉 번째 달에 하늘에서 공포의 대왕이 내려온다"고 서술했기 때문이다. 이와 같은 서술을 둘러싸고 1999년에 지구가 멸망할 것이라는 불안감이 널리 확산되었다. 이러한 사건 이후 많은 사람들은 노스트라다무스 예언의 정확성을 둘러싸고 논쟁을 벌였다. 점성학이 과학처럼 근거를 가지고 있지 않기 때문에 점성학을 토대로 만들어진 그의 예언 역시 별

다른 근거가 없다는 주장이 제기되었다. 이와 더불어 역사적 현상들을 그의 4행시에 끼워 맞추려는 시도가 나타나면서 노스트라다무스의 예언이 맞았음을 강조하는 사람들이 많다는 비판도 제기되었다. 더욱이 그의 예언을 토대로 특정 종교에서 종말론을 주장한다거나 사람들 사이에서 불안감이 널리 확산되면서 이와 같은 비판 역시 더욱 거세지고 있다.

과연 노스트라다무스의 예언은 실현될 수 있는 것일까?

진화, 인간과 자연환경의 상호작용

16세기 초에 유럽인이 아메리카로 이주했을 때까지 이 지역에는 강력한 제국이 존재했다. 천문학과 수학, 의학, 예술이 발달했던 마야 제국이 바로 그것이다. 마야인은 지구가 둥글고 태양의 주위를 돌고 있다는 사실을 유럽인보다 먼저 알고 있었고, 세계 최초로 0의 개념을 이해하고 사용했던 사람들이었다. 마야인은 자신들의 역사와 신화, 전설을 모은 책을 편찬했다. 원래 책의 제목은 『백성들의 책(*Book of the people*)』이며, 흔히 『포폴 부(*Popol Vub*)』라 불린다. 비록 16세기에 쓰인 원문은 소실되었지만, 에스파냐어로 기록된 것이 남아 있어 자연현상과 문명에 대한 당시 마야인의 생각을 알 수 있다.

『포폴 부』에는 인간의 창조와 관련된 재미있는 신화가 등장한다. 아주 오래전에 신들이 동물을 창조하고 신을 섬기도록 했는데, 동물들이 신을 제대로 섬길 줄 모르자 인간을 만들었다. 최초의 인간은 진흙으로 만들어졌는데, 시적 능력이 부족해서 신들을 섬길 줄 몰랐고, 더욱이 비가 오면 금방 녹아버렸다. 진흙으로 만든 인간이 실패하자 신들은 나무로 인간을 만들었다. 하지만 나무 인간은 심장이 없었고, 이들 역시 신을 섬길 줄 몰랐다. 마지막으로 신들은 옥수수로 인간을 만들었는데, 『포폴 부』에 따르면 이들이 바로 우리의 조상이다.

물론, 오늘날 우리는 더 이상 이와 같은 신화를 그대로 믿지 않는다. 대신 수많은 연구 결과와 과학적 증거를 바탕으로 인류의 등장과 진화를 이해하고자 한다. 우리는 지구의 모든 생명체는 최초의 세포라는 공통조상으로부터 나타났다는 사실을 알고 있다. 지구의 환경이 변화하면서 생명체들 사이에는 환경의 변화에 쉽게 적응할 수 있는 유전적 차이가 발생했고, 이와 같은 과정 속에서 다양한 생명체의 종들이 나타난 것이다. 인간 역시 마찬가지이다. 다양한 과학적 증거에 따르면 우리는 호모 사피엔스라는 단일한 종의 후손이다. 하지만 호모 사피엔스가 나타났던 시기에도, 그리고 그 이전에도 지구에는 인간과 비슷한 여러 가지 종들이 살고 있었다. 결국 지구 환경의 변화 속에서 가장 잘 적응한 하나의 종만이 살아남아 우리의 조상이 된 셈이다.

그렇다면 호모 사피엔스를 제외한 나머지 종들은 왜 살아남지 못했을까? 이들과 호모 사피엔스간의 공통점과 차이점은 무엇일까?

미국 워싱턴 D.C.에 위치한 국립자연사박물관에서는 지금까지 나타났던 인간과 관련된 종들을 크게 네 가지 집단으로 구분하고 있다.

첫 번째 집단은 지구에서 가장 먼저 등장했던 종들이다. 과학자들은 약 600만~550만 년 전에 공통조상으로부터 인간과 침팬지가 분화되었다고 주장하는데, 바로 이들이 그때 분화된 종이다. 이들은 중앙아프리카에 살았는데, 당시 아프리카는 따뜻하고 식량이 풍부했던 지상 낙원이었다.

최초의 집단에서 새로운 집단이 갈라져 나왔고 1970년대에는 이 집단에 속하는 '루시'라는 이름의 유골이 발견됐다. 당시 과학자들은 다른 영장류와 구분되는 인간의 특징이 바로 두뇌 용량의 차이라고 생각했는데, 루시의 발견은 이와 같은 과학자들의 생각을 완전히 바꿔놓았다. 루시의 두뇌 용량은 침팬지와 별다른 차이가 없었기 때문이다. 그러나 루시는 두 발로 걸었다는 점에서 다른 영장류와 명백하게 구분되었다.

약 300만 년 전에는 루시와 비슷하지만 두개골 모양이 다른 집단이 나타났다. 물론 이들은 루시와 비슷한 시기에 함께 살고 있었다. 그리고 약 250만 년 전쯤 네 번째 집단이 나타났다. 호모 집단인데, 여기에는 다양한 종들이 포함되어 있었다. 이들은 돌로 간단한 도구를 만들어 사용했고, 불을 사용하기도 했다. 그 결과, 이들의 두뇌 용량은 점점 더 커졌다. 아프리카로부터 다른 지역으로 이동하면서 새로운 환경에 적응하기 시작했다. 약 25만 년 전에는 우리의 직접적인 조상인 호모 사피엔스가 나타났다.

호모 사피엔스를 비롯해 지구에 등장했던 인간과 비슷한 종들을 살펴보면 한 가지 공통점을 발견할 수 있다. 다른 생명체와 마찬가지로 생존을 위해 주변 환경에 적응하고 진화했다는 것이다. 물론 시간이 흐르면서 함께 공존했던 다양한 종들 사이에서 차이점이 나타나기도 했다. 어떤 종은 주로 나무 위에 살면서 식량을 얻을 때만 나무 아래로 내려와 두 발로 걸었다. 다른 종은 더 이상 나무 위에서 살지 않았고, 더 많은 식량을 얻기 위해 손과 눈이 발달하기도 했다. 또 어떤 종은 두뇌 용량이 더욱 커지면서 도구를 만들고, 불을 이용할 수 있었다. 언어를 사용할 수 있는 종이 나타나기도 했다. 하지만 주변 환경에 가장 잘 적응할 수 있었던 종만이 살아남게 되었다.

우리는 한 가지 사실을 분명하게 알아야 한다. 우리의 조상인 호모 사피엔스가 마지막으로 살아남을 수 있었던 것은 자신들만이 가진 능력 때문이 아니라는 것이다. 호모 사피엔스는 600만 년 전에 공통조상으로부터 인간과 침팬지가 분화된 이후 다른 종들과 함께 생존에 필요한 다양한 정보를 공유해왔고, 이를 바탕으로 지구의 환경에 더 잘 적응할 수 있었다.

결국 오늘날 우리가 존재할 수 있는 이유도 호모 사피엔스의 우월함 때문이라기보다는 당시 함께 공존했던 다른 종들과 나누는 상호작용, 그리고 지구라는 환경과의 상호작용 때문이라고 할 수 있는 것이다.

참고도서

1. 국내서적

김서형, 『초등학생을 위한 빅 히스토리』, 북하우스, 2017.

이상희·윤신영, 『인류의 기원』, 사이언스북스, 2015.

장대익, 『다윈의 식탁』, 바다출판사, 2015.

2. 번역서적

랭엄, 리처드, 조현욱 옮김, 『요리본능』, 사이언스북스, 2011.

로버츠, 앨리스, 진주현 옮김, 『인류의 위대한 여행』, 책과함께, 2011.

미야 노리코, 김유영 옮김, 『조선이 그린 세계지도』, 소와당, 2010.

윌슨, 에드워드, 최재천·장대익 옮김, 『통섭』, 사이언스북스, 2005.

차일드, 고든, 고일홍 옮김, 『인류사의 사건들』, 한길사, 2011.

크리스천, 데이비드·베인, 밥, 조지형 옮김, 『빅 히스토리』, 해나무, 2013.

크리스천, 데이비드, 이근영 옮김, 『시간의 지도』, 심산, 2013.

페이건, 브라이언 M., 김수민 옮김, 『크로마뇽』, 더숲, 2012.

하라리, 유발, 조현욱 옮김, 『사피엔스』, 김영사, 2015.

연표

시기	내용
6500만 년경 전	다섯 번째 대멸종으로 공룡 멸종.
700만 년경 전	사헬란트로푸스 차덴시스 출현.
600만~550만 년경 전	공통조상으로부터 인류 분화.
600만 년경 전	오로린 투게넨시스 출현.
500만 년경 전	아르디피테쿠스 라미두스 출현.
320만 년경 전	루시(오스트랄로피테쿠스 아파렌시스) 출현.
230만 년경 전	호모 하빌리스 출현.
190만 년경 전	호모 에렉투스 출현 및 인접 지역으로 이동.
35만 년경 전	호모 네안데르탈렌시스 출현.
25~20만 년경 전	호모 사피엔스 출현.
12만~1만 2000년경 전	호모 사피엔스의 전 지구적 이동.
1402	「강리도」 제작.
1405	정화의 원정.
1492	콜럼버스의 항해.
1859	다윈, 『종의 기원』 출간.
1868	알타미라 동굴벽화 발견.
1925	미국 스콥스 재판.
1940	라스코 동굴벽화 발견.
1971	반구대 암각화 발견.
1978	전곡리 유적 발견/ 라에톨리 발자국 발견.
2013	호모 날레디 화석 발견.

생각하는 힘 - 세계사컬렉션 01

빅히스토리
인류역사의 기원

펴낸날	초판 1쇄 2018년 5월 15일

지은이	김서형
펴낸이	심만수
펴낸곳	(주)살림출판사
출판등록	1989년 11월 1일 제9-210호

주소	경기도 파주시 광인사길 30
전화	031-955-1350 팩스 031-624-1356
홈페이지	http://www.sallimbooks.com
이메일	book@sallimbooks.com

ISBN	978-89-522-3844-3 04900
	978-89-522-3910-5 04900(세트)

이 도서의 국립중앙도서관 출판예정도서목록(CIP)은 서지정보유통지원시스템 홈페이지
(http://seoji.nl.go.kr)와 국가자료종합목록시스템(http://www.nl.go.kr/kolisnet)에서
이용하실 수 있습니다.(CIP제어번호: CIP2018004455)

책임편집·교정교열 **서상미 박일귀**   지도 일러스트 **김태욱**